MITOLOGÍA DE LOS PUEBLOS NATIVOS NORTEAMERICANOS

SERIE
MYTHOS

MITOLOGÍA DE LOS PUEBLOS NATIVOS NORTEAMERICANOS

◇◇◇◇◇◇◇◇◇◇◇◇◇◇◇◇◇◇◇◇◇◇◇◇◇

JAVIER TAPIA

Diseño de cubierta y maquetación: Saul Rojas Blonval

Edita: Plutón Ediciones X, s. l.,

E-mail: contacto@plutonediciones.com
http://www.plutonediciones.com

Impreso en España / Printed in Spain

I.S.B.N: 979-13-87952-12-9
Depósito Legal: B-21158-2025

Para toda la gente
original y originaria,
hija del sol y del mar,
de la luna y las estrellas.

Prólogo:
Otro mundo es posible

Quizá venimos de otros mundos,
como cuentan algunas
de las leyendas ancestrales,
y estamos aquí solo de paso
camino del cosmos y de las estrellas,
y la Tierra es la barca común
en la que navegamos
por el espacio sideral,
así que lo mejor
es disfrutar del viaje
sin destruir la nave que nos lleva.

Los pueblos originarios de lo que hoy llamamos Norteamérica son la muestra clara de que otro mundo es posible, con otra forma de ver la vida y de organizarse respetando el medio ambiente y a la Madre Naturaleza, sin menoscabar los recursos y llevando una existencia plena y placentera.

Por supuesto, esos pueblos nativos no son lo que las series de televisión y las películas de Hollywood nos han hecho creer, sucios, desarrapados, salvajes y los malos de la historia, mientras que sus asesinos y masacradores, actores de un verdadero genocidio, son los héroes blancos que se llevan la gloria.

Apenas en el siglo XX se empezaron a reconocer tibiamente sus derechos, pero el mal y el descrédito que pesaba —y pesa— sobre ellos no se ha superado del todo.

Los filmes de "indios" y vaqueros han disminuido, pero eso no los ha sacado de las reservas ni les ha dado la ciudadanía: ciudadanos de las naciones internas, se les dice, pero sin pasaporte ni derechos jurídicos y civiles reales.

Muchos de ellos, en las fronteras del norte y del sur de Norteamérica, pasan a uno y otro lado sin que nadie se lo impida, tanto porque no los toman en cuenta o porque ellos mismos desconocen el sentido de "frontera", y no entienden ni quieren entender, pues son realmente racionales, que de un paso a otro paso están en territorios distintos, con distintas lenguas y distintas leyes.

Para ellos eso de las naciones y los estados no son más que accidentes geográficos, un río, una montaña, una extensión de tierra, que no dan cualidad de nada a quien los cruza o los ocupa.

Algunos son territoriales y se consideran de uno u otro grupo humano, como los apaches o los iroqueses, pero no piden ni dan visas a nadie para que pueda transitar por sus terrenos.

Hace tiempo que los pies negros y los soshonis no son una amenaza para sus pueblos, ni compiten con nadie por la pesca, la recolección o la caza, por lo que sus conflictos, cuando los hay, quedan reducidos a sus relaciones con los hombres blancos, como el consumo de alcohol, las religiones judeocristianas, el racismo y el robo y denigración que sufren constantemente de parte de los usurpadores.

No faltan los que se suman al sistema circundante y van a la universidad, se convierten en ciudadanos norteamericanos o canadienses, pero no son la mayoría, no, la mayoría permanece paciente a la espera de que los invasores se destruyan a sí mismos para poder volver a caminar o a cabalgar por las praderas.

Muchas de las cosas que hacen y han hecho durante milenios ahora están de moda entre mucha gente de lo que llamamos Occidente, cosas como correr todos los días, hacer ejercicio, comer sanamente, curarse de forma natural y holística, cuidar a los animales y proteger a las plantas, a sabiendas de que todos estamos sobre la misma barca y que, de momento, no tenemos otro hogar que no sea este planeta.

Hay leyendas entre estos pueblos que cuentan que los humanos no somos de aquí, sino que llegamos de otra esfera, y que llegará el día, tarde o temprano, en que tendremos que emigrar a otro planeta, a otro lugar, o incluso al hogar original que nos espera más allá de las estrellas.

La gente no muere del todo, su espíritu siempre queda entre nosotros y algunas veces vuelve a terminar tal o cual tarea, y si bien Manitú (Manitou) es el espíritu entre los espíritus, en realidad no hay un dios supremo cuya voluntad sea tiránica y fiera ni demonios a los que haya que sacrificarles animales o personas en la gran mayoría de los casos.

Una vida digna merecía ser celebrada cuando llegaba el abandono del cuerpo con una gran hoguera y una fiesta, no por sacrificarla, sino alegrándose de que recuperaba su espíritu.

Una muerte digna merecía una fiesta alegre.

Los demonios a menudo somos nosotros mismos, o seres de la naturaleza, porque si bien la cuidan y la quieren, comprenden que no es perfecta, y que a menudo hay que mejorarla e incluso luchar contra ella.

Lo mismo sucede con las relaciones humanas, donde nadie es perfecto y nadie puede controlarlo todo por muy jefe o cacique que sea, sino que hay que oír a todos, hombres, mujeres, ancianos y adolescentes, y llegar a acuerdos que beneficien a la mayoría. Hoy a esa forma de organizarse le llaman "democracia participativa", aunque muy pocos pueblos de Occidente la practican.

No han sido grandes constructores, aunque algunos supieron construir sus casas labrando las montañas; y tampoco conocían la escritura como la conocemos hoy en día, pero tenían sus sistemas de comunicación, sus símbolos y sus lenguas, alguna ampliamente extendida como la lengua apache.

Los iroqueses contaban con una federación de grupos humanos y tribus del norte, en lo que hoy es Canadá y Alaska, bastante eficiente administrativamente, lo que aseguraba que nadie pasara hambre, enfermedad o abandono, y que la paz entre los grupos se mantuviera, algo que no hemos logrado en el pomposo Occidente y mucho menos en el Medio Oriente.

Contaban con diversas celebraciones, ritos y rituales, pero no tenían una religión oprcsiva, interesada, manipuladora ni obligatoria que frenara el conocimiento o persiguiera a los infieles.

Manitú no tenía cuerpo ni apariencia física, no era una imagen y mucho menos una semejanza con lo que conocemos, y tampoco concedía deseos ni hacía milagros portentosos, porque era espíritu puro y, de hecho, ya lo había dado todo.

No era un mundo ideal, pero era bastante mejor que el que tenemos ahora.

No conocían las pandemias ni los engaños de los medios de comunicación, pero tenían a sus hombres y mujeres medicina para que atendieran a los heridos o a los enfermos, con un amplio conocimiento de las hierbas medicinales y los rituales terapéuticos, y de una que otra cirugía.

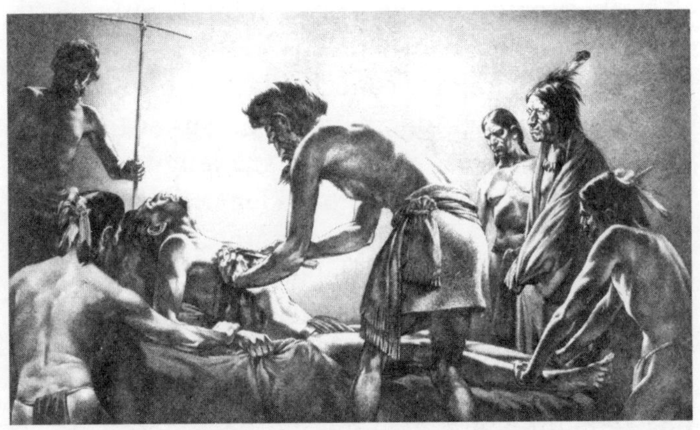

El trabajo de los hombres medicina.

Los partos se atendían generalmente en el tipi hogareño, ayudados por las mujeres de experiencia en estos casos si era necesario, con muy baja o nula mortalidad infantil o maternal, es decir, que el embarazo no era una enfermedad peligrosa como en Europa, y el parto era considerado algo natural que casi todas las mujeres sabían hacer solas.

Tenían un sistema económico de intercambio sin acumulación innecesaria, que dependía básicamente de lo que daban las aguas y las tierras, por lo cual muchos grupos originarios eran nómadas o seminómadas, siguiendo las estaciones y a la caza y a la pesca, sin abusar nunca de ellas.

Quizá no eran grandes sembradores, pero sabían cómo hacerlo en pequeños terrenos si se necesitaba, pues la tierra era basta y proveía. Domesticaban a sus caballos y a sus perros, y eran maestros de el arte de la cetrería, o de adiestrar águilas y halcones, e incluso búhos.

Se casaban y formaban parejas, aunque no había obligación de permanecer casados para siempre, pero sí de hacerse cargo de los infantes, sin importar de quién fueran hijos, porque pertenecían y eran parte de toda la comunidad; también practicaban el matrimonio en grupo, la poligamia, la poliandria y los matrimonios o emparejamientos de alianza entre grupos y etnias, tanto como la soltería y la diversidad de las relaciones sexuales, que no eran identitarias ni marginales, o normales, sino simplemente se daban y nadie era perseguido por practicarlas. El incesto era de lo más regular, y algunos grupos tenían el tabú de la pederastia e incluso pudores, como los tenían muchos de los animales que les rodeaban.

No es que hubiera cinco géneros reconocidos, como aseguran las fuentes interesadas en la definición de los géneros, sino que las relaciones afectivas eran de diversas maneras, como lo son y lo han sido siempre, predominando las que podían producir descendencia y así fortalecer al grupo, pero sin moralinas ni estandartes aparentemente incluyentes.

Había matriarcados y patriarcados, pero no excluyentes ni tiránicos, pues el poder se circunscribía a los actos más cotidianos y no a la fama, el prestigio o la capacidad de imponer la propia voluntad sobre los demás. Los líderes y las lideresas lo eran por su arrojo y su sabiduría, no por manipular al resto para robar, comer y disfrutar sin trabajar, es decir, no había políticos.

Vivían en este planeta, pero en otro mundo, y no les iba nada mal, por lo que podían vivir siglos y milenios sin más problemas que los cotidianos.

Los niños y las niñas, desde los ocho o diez años, ya eran hábiles cazadores, vigías y hasta guerreros si hacía falta.

La enseñanza era oral y se transmitía de generación en generación, lo mismo que sus mitos y leyendas, como método de conocimiento y aprendizaje en todas las áreas que les competían, desde la siembra hasta la medicina, y desde la caza hasta la consciencia de la vida y el espíritu.

Son muchos, muy diversos y muy variados los grupos humanos de los nativos de la actual Norteamérica, pero la mayoría de ellos nacían y morían con la sonrisa en los labios, satisfechos de lo que había sido su existencia en esta Tierra.

A través de las siguientes páginas conoceremos algunos de ellos, junto con sus mitos, leyendas, cosmogonía, dioses, demonios y, en síntesis, su maravillosa e impagable mitología, que nos dice que sí, que otro mundo (y quizá muchos más) es posible más allá de políticas, religiones e ideologías a las que tan acostumbrados estamos hoy en día.

Dr. Javier Tapia Rodríguez

Introducción: Convivir con los espíritus

Hay muertos que se van,
hay muertos que se quedan,
hay muertos que vuelven,
pero todos siguen
en la Madre Tierra.
Proverbio arapahoe

La mitología de los nativos norteamericanos se destaca del resto de mitologías de este mundo por su concepción de lo espiritual ausente de jerarquías.

Convivir con los espíritus es convivir con la vida misma para muchos pueblos nativos de lo que hoy es Norteamérica y alrededores, pues en ellos la muerte como la consideramos en la actualidad no tiene cabida, dado que en realidad nada muere y todo es continuidad y todo se alimenta de todo, nada se desperdicia.

Todo cadáver alimenta y da vida nueva.

Todo nutre, todo se transforma, todo se regenera.

Nada se pierde porque todo es espíritu, esencia, y quizá hasta consciencia.

El espíritu habla, el espíritu sabe, el espíritu se expresa, da señales, lecciones, abre caminos, despierta conciencias y lo ilumina todo.

Hace unos días leí un artículo sobre la bioluminiscencia de los seres vivos como si fuera un gran descubrimiento de la ciencia actual, que a dicha luz le llama ultradébil e invisible al ojo humano por no llamarle aura.

Esa aura, o fotones ultra débiles, es común a casi todas las expresiones mágicas, fantásticas y religiosas de los pueblos que han vivido en este planeta, por lo que se puede decir que a casi ninguna cultura le ha pasado por alto que todos los seres vivos son seres de luz, y que esa luz tiene color y comportamiento, crece y disminuye, y finalmente desaparece cuando los cuerpos mueren, como si de un interruptor eléctrico se tratara.

El color del aura era el maquillaje del cuerpo.

Que el cuerpo vivo produce calor, emana luz, electricidad y magnetismo es algo sabido hace milenios, y que los ojos absorben y emanan fotones, también.

El poder de la mirada y el carisma del aura no son ninguna broma o falsa creencia, casi todas las mitologías del mundo hablan de ellas, y los nativos de Norteamérica no son la excepción.

Cada pueblo tenía su propia aura local con un color determinado, algunas eran solo luz que envuelve al cuerpo, pero otras eran rojo encarnado, negras o blancas, y servían de guía de maquillaje para sus cazadores y para sus guerreros.

Como captaron las cámaras Kirlian no hace mucho tiempo, el cuerpo humano emite un aura de colores que puede interpretarse de diversas maneras, tanto para el carácter, el estado emocional o la salud del fotografiado, con curiosidades al fotografiar plantas, que siguen emitiendo la luz de las flores u hojas recién arrancadas, o de la presencia luminosa en una amputación del cuerpo humano.

"Me duele la pierna que me han cortado", o "siento cosquilleo en los dedos que ya no tengo" son expresiones reales y habituales entre las personas que han sufrido una mutilación, pues su aura permanece en el lugar que ocuparon alguna vez sus miembros perdidos.

Al morir la planta, o al morir el cuerpo —porque el espíritu nunca muere—, esa luz, esa aura, desaparecen, se apagan, los fotones dejan de producirse y su energía se va a otro lado, no se sabe dónde, con una masa cuántica, para unos, o de 10 o 20 gramos para otros.

"El espíritu no se pierde", dirían los navajos y los apaches, "el espíritu permanece" en esta Tierra y alrededor de los suyos, de su gente, de sus bosques, ríos o praderas, porque siguen existiendo y teniendo consciencia de ser.

Los nombres como Pluma Blanca, Alce Veloz o Águila Negra son referentes espirituales en su relación con la Tierra y la naturaleza, señales de carácter y de armonía con todo lo que les rodea, más que fórmulas identitarias y egoícas, porque los nombres son espíritu en sí mismos, y no hay necesidad de ellos cuando se tiene todo.

No hay necesidad de nombres cuando se tiene todo.

El ser está conectado espiritualmente con todo y se expresa por uno de los miles de caminos que nos traen a este planeta, porque es, siempre ha sido y siempre será espíritu, parte del todo y el todo mismo.

El cuerpo se alimenta de la tierra y lo que hay en ella, y al pasar a otro estado, al morir, ese cuerpo alimenta a todo lo que le rodea, incluso si se convierte en cenizas, porque cada brizna lleva su esencia y nutre a la naturaleza. Nada se pierde, y mucho menos la esencia del ser, el espíritu mismo.

Esta permanencia o inmanencia es un denominador común en la mayoría de las mitologías y creencias de los pueblos nativos de Norteamérica, donde los nombres de sus dioses, cuando los tienen, pueden cambiar, pero no su esencia.

Se podría decir que los pueblos nativos de Norteamérica eran animistas, pues desde los animales hasta los fenómenos naturales tenían espíritu, comportamiento y quizá hasta consciencia de ser, estar y actuar, como las lluvias, los truenos, los incendios, los ríos, los mares, los montes, los bosques, los volcanes, las piedras y todos y cada uno de los seres vivos, pero su sentido espiritual va más allá del simple animismo, pues además tenían significado de enseñanza a través del espacio y del tiempo, es decir, eran tan trascendentes como el ser humano mismo, y no simples acompañantes mágicos, sino lecciones de vida, experiencia existencial y espiritualidad conjunta y manifiesta, porque todos aprendían de todo y de todos, y se reunían para compartir conocimientos y escuchar con atención a los que sabían.

Todos aprendían de todo y de todos.

No hay nada más fascinante que conocer nuestras raíces ancestrales, las cosmogonías de esos pueblos originarios que nos imaginaron cabalgando bajo las estrellas siempre en armonía con las fuentes de la naturaleza, y eso es precisamente lo que nos ofrece la mitología de los pueblos originarios norteamericanos, tan cercanos en el tiempo y tan lejos de nuestro conocimiento, porque de ellos sabemos lo que Hollywood ha querido que supiéramos, sin imaginar siquiera que posiblemente en ellos se encuentre la clave de un mundo mejor en una forma de vida diferente, más plena, más sana, más rica y mucho más placentera, amándonos entre nosotros y respetando a todos los seres vivos de este maravilloso planeta.

Quizá venimos de otros mundos, como cuentan algunas de sus leyendas, y estamos aquí solo de paso camino del cosmos y de las estrellas, y la Tierra es la barca común en la que navegamos por el espacio sideral, así que lo mejor es disfrutar del viaje sin destruir la nave que nos lleva.

Nunca tuvieron una civilización como la que entendemos hoy en día, pero eran mucho más espirituales y civilizados que otros pueblos del planeta Tierra, por lo que adentrarnos en su universo a través de su mitología es introducirnos en el espíritu que está dentro de nosotros y que nos rodea.

Bienvenidos a la inmensidad espiritual de sus praderas.

I
Historia:
Antes de que llegaran ellos

Entonces llegaron ellos
y trajeron los horrores
que nunca habíamos conocido,
verdaderos demonios
de codicia, muerte y enfermedad,
por pura maldad
y sin tener necesidad de ello.
Proverbio lakota

No hay un acuerdo entre los estudiosos y sesudos investigadores en cuanto a la llegada de los seres humanos al continente que ahora llamamos americano, y la horquilla que nos dejan es de más de 20.000 años, pues unos dicen que fue hace treinta mil años, y otros que solo hace 12 o 13 mil años, ¿y por qué no 100 mil o 250 mil?, puesto que el ser humano camina y emigra de un continente a otro desde hace millón y medio de años, como muchos otros animales, y si bien unos se quedan para siempre en un mismo territorio, otros van sembrando la semilla de su presencia por todos lados.

Mientras más escarbemos, más encontraremos, el resto son especulaciones, algunas de ellas muy respetables, de lo que hemos encontrado hasta el momento.

Veinte mil años son muchos de diferencia en el aspecto de desarrollo cultural y formación de grupos humanos complejos, pero caben en la última glaciación llamada Würr, por los que ponen nombres a las cosas, que duró precisamente hasta hace 13 mil años, con hielos y condiciones que unían Alaska con lo que ahora es Rusia por el famoso estrecho de Bering, permitiendo el paso de los migrantes orientales hasta lo que hoy es América, por lo que muchos de los nativos norteamericanos deberían compartir genética, lengua y rasgos culturales de esquimales, inuits, mongoles, chinos y malayos, aunque no parece ser el caso en buena parte de las tribus que se formaron en lo que hoy es Alaska, Canadá y Norteamérica, ya que en todo Oriente no hay grupo humano que se le parezca a ciertos pieles rojas, pero, en fin, es lo que dice la ciencia.

Curiosamente, más al Sur, entre incas y mayas, así como en algunos grupos humanos del pacífico y hasta entre los mexicas y los aztecas, sí hay más similitudes con los pueblos orientales de la antigüedad, tanto en lengua como en apariencia física.

Desde hace cuatro mil años la influencia japonesa en lo que ahora es Perú es innegable, así como la influencia negra aparece hace dos o tres mil años en la cultura olmeca, aunque es una evidencia que muchos niegan.

Sin dejar de lado a los grupos del noreste de Canadá, con rasgos europeos antiguos y herramientas solutrenses, e incluso con los tótem al más puro estilo vikingo que lucen desde Groenlandia hasta Alaska, aunque estos son mucho más recientes.

En lo que hoy es Norteamérica llegaron a haber cerca de 600 tribus, etnias o grupos humanos, es decir, en prácticamente todo el territorio, Alaska y Canadá incluidas, con diferencias morfológicas, culturales y lingüísticas importantes.

Tribus nativas americanas.

La lengua yuto-náhuatl, por ejemplo, tiene palabras y expresiones chinas, como el saludo "ni-jao" que aparece entre todas las tribus que alguna vez hablaron proto-náhuatl a lo largo del Pacífico hasta llegar a Nicaragua (somos o hablamos náhuatl), pero hay otras variaciones lingüísticas, algunas más conocidas o estudiadas que otras, que poco o nada tienen en común con el náhuatl ni sus 16 derivaciones, ni con las lenguas orientales.

Por tanto, y a pesar de la necesidad obsesiva y teocrática de la ciencia oficial de tener una sola ley y un solo origen de todo y para todo, tal parece que la diversidad es la respuesta más correcta, y los primeros humanos pudieron venir a lo que hoy es América hace mucho, mucho tiempo, tanto que nadie se atreve a decirlo, pero se asentaron y crearon grupos sociales hace tan solo unos treinta mil años, sin dejar de venir durante otros veinte mil años de las más diversas procedencias para poblar lo que hoy en día son Alaska, Canadá y Norteamérica, más allá de todas las pretensiones y elucubraciones de la ciencia moderna en lo que a migraciones antiguas se refiere, a veces por oficialismo y generalmente por falta de interés en un estudio profundo y serio sobre el tema sin las vendas occidentalistas sobre los ojos.

No hay que olvidar que los esquimales llevan miles de años en todo el círculo ártico que rodea al Polo Norte, y pudieron haber bajado y subido por todo el continente americano las veces que les viniera en gana, como lo hicieron por otras regiones del mundo.

Por otra parte, y desde la perspectiva mitológica, muchos pueblos nativos norteamericanos cuentan en sus leyendas que vienen de las estrellas, o de otros lugares lejanos que no se encuentran en este planeta, y que escogieron las tierras americanas porque son las mejores de este mundo y que más se acomodaban a su estilo de vida, así que además de orientales y europeos, africanos y hasta medio orientales, entre los migrantes bien podría haber extraterrestres, viajeros espaciales y hasta seres humanos evacuados a otros planetas en un remoto pasado, que simplemente fueron devueltos a la Tierra.

CONQUISTA Y GENOCIDIO

Con sus virtudes y sus defectos, bastante sanos y activos, con miles de años de asentamientos y progreso espiritual y físico, aunque no a la manera occidental, los pueblos nativos norteamericanos vivían tan contentos y satisfechos de su existencia, cantando, bailando, cazando, pescando, amando, cabalgando, sonriendo, aprendiendo y hasta luchando y guerreando, o pactando, con sus vecinos, hasta que en el siglo XV llegaron ellos, los europeos centrales, españoles, portugueses, franceses, italianos, alemanes, holandeses e ingleses, con sus armas, sus religiones judeocristianas, su codicia, su soberbia y su ceguera moral y espiritual, y no tardaron en ver las riquezas que podían robar sin medida.

Un poco antes, entre los siglos XI y XIII, los vikingos llegaron a Groenlandia y recorrieron tierra hasta llegar a Alaska, pero no se quedaron para siempre, solo dejaron un simple rastro y volvieron a Escandinavia.

Las naves chinas también llegaron a las costas del Pacífico norteamericano por esas fechas (siglos XI, XII y XIII), y las japonesas tuvieron un comercio activo con Perú dos o tres milenios antes.

Pero fueron los europeos los que se arrogaron el descubrimiento y no tardaron en masacrar a los nativos en aras de la justicia divina que los hacía amos de todo lo que iban invadiendo y robando.

El ladrón cree a menudo que hace lo que debe hacer y que no es nada incorrecto hacerlo, ya sea porque así se lo dictan sus dioses, o porque vive inmerso en la cultura del robo, el abuso y el despojo como cualquier criminal, y hasta se siente con el derecho humano y divino de hacerlo.

Ahí está Adam Smith, moralista y profundamente religioso, que pensaba que despojar de bienes y riquezas a los nativos no era malo porque ellos no las utilizaban ni las valoraban, mientras que los buenos occidentales sí las necesitaban y tenían un valor monetario para todas ellas.

Max Weber también justificaba el saqueo gracias a la ética protestante y el espíritu del capitalismo, algo que los aborígenes no entendían y los judíos malinterpretaban, pues Dios —y la economía occidental— en su infinita sabiduría ya había escrito los destinos de todos, y en esos destinos estaba anotado que la riqueza material, ética y abusivamente llevada por la moral guaquera, pertenecía al que la conquistaba y explotaba. Muchos empresarios siguen pensando lo mismo: que es legítimo explotar al que produce la riqueza básica y elemental, para quedarse con ella por medio del engaño, el abuso, o el uso de la fuerza.

Bajo estas premisas los ingleses se asentaron en el Noreste, los franceses en lo que hoy son La Florida y el este del Canadá, los españoles el suroeste y tierras del Pacífico, y los alemanes y holandeses tanto en el norte como en el medio oeste norteamericanos.

Los italianos, junto con diversas sectas religiosas de origen inglés y germano, quedaron más dispersos, entre otras cosas, porque ninguno de ellos tenía la idea ni la constitución de nación o estado.

La compra de la isla de Manhattan.

Los holandeses en el 1626 compraron la isla de Manhattan por un dólar (o 24 dólares, o 60 florines neerlandeses, dependiendo de la fuente) a la tribu de los lenape, aunque en ese tiempo no los nativos no tenían documentos para refrendar la posesión del terreno, y tampoco había dólares americanos, si acaso florines holandeses, para fingir que no abusaban de los legítimos propietarios de la preciada isla.

Otra versión nos cuenta que fue un simple aventurero y comerciante, Peter Minuit, quién compró la isla a los nativos a cambio de cacerolas y otros enseres y bagatelas de menor valía, como si engañar o estafar a otro fuera una gracia o algo merecedor de respeto y prestigio.

Los ingleses se declararon nación independiente de Inglaterra en el 1777, con solo trece colonias en el Noreste, para expandirse después y durante todo un siglo por el resto del territorio que ya consideraban suyo a base de destrucción y muerte, peleando con los holandeses y los franceses, para comprarles finalmente La Florida y parte de los territorios del Norte, como los Mil Lagos, dejando a Inglaterra y a Francia el Este de Canadá.

Guerras europeas que acababan matando nativos.

En las batallas entre casacas rojas contra casacas azules (el Séptimo de Caballería vino después a terminar de masacrar a los nativos), los nativos fueron los que llevaron la peor parte, y si bien los iroqueses y otros nativos de Alaska se salvaron de la purga, mientras los apaches resistieron y aún perviven, al final todos fueron colonizados y sometidos por los invasores de una manera cruel e indigna.

Cientos de miles de nativos norteamericanos perdieron la vida en ese siglo nefasto, y además sufrieron la propaganda de desprestigio que los pintó como los malos de la historia, tanto, que muchos de los usurpadores pensaban que debían exterminarlos a todos para que Norteamérica fuera blanca del todo, y lo peor es que algunas personas lo siguen creyendo.

Los WASP (white, anglosaxon and protestant) se sintieron y aún sienten que están en su derecho de matar y robar a los nativos originarios de esas tierras, siendo una verdadera *white trash* (basura blanca), con la violencia de la ignorancia y la inmoralidad grabada en sus cerebros.

Además de las guerras de despojo, como la tristemente célebre "Conquista del Oeste", o la "Fiebre del Oro", los europeos llevaron hasta las tierras nativas las absurdas imposiciones y creencias religiosas, las enfermedades víricas y bacterianas, el alcohol, la ludopatía, el racismo, el clasismo, el robo, la gula, la estafa, la envidia, la violencia, la sexualidad pacata y, en fin, todos sus males y casi ninguna de sus virtudes, quizá porque nunca las tuvieron.

Con el paso de los años las migraciones europeas al nuevo continente estaban compuestas con lo peor de sus naciones, con todo tipo de maleantes y criminales que se salvaban de la horca en su país exiliándose a las nuevas tierras en busca de fortuna.

Cuentan que los españoles fueron, a pesar de sus excesos, los menos peores de los conquistadores, por ser menos genocidas y más católicos, tanto, que su herencia en California y en Texas ha sido económicamente positiva, más moral y cultural en California y más económica en Texas, a pesar de que lindezas como el racismo y el clasismo son en Texas los más altos del país.

La conquista fue una verdadera desgracia para los nativos norteamericanos, y en cierta medida lo sigue siendo, y si bien se ha reconsiderado el valor cultural de esos pueblos nativos, queda aún mucho camino por recorrer para que recuperen verdaderamente sus derechos.

Nos queda, además de la vergüenza de pertenecer al género humano, su mitología, su encanto, su carisma de libertad y la nostalgia de que puedan volver a cabalgar de nuevo libremente bajo en sol, la luna y las estrellas por las amplias praderas de una tierra que en realidad les pertenece.

LAS RELACIONES SOCIALES

Historias como la de Pocahontas son perfectamente creíbles, porque las nativas podían elegir pareja sin restricciones, y también podían dejarla si no satisfacía la relación; a veces avisaban a la comunidad de sus decisiones sentimentales, porque casi todo se hacía en conocimiento del grupo, pero eso no era obstáculo para vivir y convivir con alguien de fuera o de dentro de la tribu.

De hecho, los obstáculos en las relaciones sentimentales entre nativos y foráneos o recién llegados provenían de los prejuicios sociales y religiosos de los blancos.

Los primeros "peregrinos" del siglo XVII, más que los soldados invasores, tuvieron ciertas relaciones con los nativos, sobre todo para intentar catequizarlos y convertirlos a cualquier rama del cristianismo protestante, aunque la mayoría de las veces preferían ignorarlos y hacer como si no existieran, o bien satanizarlos como si fueran el demonio en persona.

El juicio de las Brujas de Salem.

Algunas sectas religiosas europeas buscaban más "la tierra prometida" y el aislamiento que convivir con otros seres, ya fueran blancos o pieles rojas, mientras que otras eran tan peligrosas como intransigentes hasta con sus propios miembros, como en el caso de las Brujas de Salem, y no dudaban en quemar vivas a las personas acusadas de brujería, algo que sin duda debía horrorizar a los "salvajes".

Los españoles optaron por mandar de punta de lanza a los monjes jesuitas y franciscanos, apoyados muchas veces por la Inquisición, pero al no actuar como comunidad social de hombres, mujeres y niños, como sí lo hacían los peregrinos ingleses, holandeses y alemanes, muchos de sus crueles desmanes pasaron desapercibidos para los nativos.

Los españoles fundaron hospitales, albergues y refugios para los nativos caídos en desgracia y para los europeos necesitados, con la estrategia de golpear con una mano y acariciar con la otra, con tan buen resultado que en California muchas de sus misiones siguen vivas y trabajando, aunque ya no se ocupan tanto de los nativos y prefieren ayudar a los indigentes blancos, entre otras cosas porque se supone que las famosas Reservas Indias implementadas por el gobierno estadounidense ya se ocupan de ellos.

Cien años de aniquilamiento y desprestigio para los dueños de la casa ocupada, saqueada y usurpada, donde escritores de la talla de Mark Twain los señalan como criminales (el malvado indio Joe de *Tom Sawyer*) y en el prestigiado libro de *La cabaña del tío Tom* ni siquiera se les menciona.

Los esclavos provenientes de África, con todos sus horrores y pesares bajo la bota esclavista de los blancos, pasaron a ser libertos antes que los nativos, aunque siguen siendo socialmente mal considerados.

"Prohibida la entrada a negros, indios, perros y mexicanos" era un cartel común en la Norteamérica de los siglos XIX y XX, esgrimiendo la soberbia de los invasores que ya se consideraban, y lo siguen creyendo, dueños totales y originales de las tierras del norte del continente americano.

Los WASP (y hasta los nacionalizados) detestaban y siguen detestando a negros, indios y mexicanos, o hispanos, viéndolos como seres inferiores por más que triunfen en los deportes o formen parte de sus comunidades, pero a cambio, como tantas sociedades consideradas avanzadas y modernas, se han vuelto tolerantes con los perros.

Sí, la historia puede ser más absurda que la más absurda de las leyendas y fantasías de cualquier mitología, como sin duda lo es la historia reciente de los nativos norteamericanos.

II

Cosmogonía de los pueblos originarios, el principio de todas las cosas

Nos llevaron lejos.
Muy lejos,
y luego volvimos,
con pocos recuerdos
y muchos olvidos.
Canto sioux

Son muchos los grupos humanos que conforman los nativos norteamericanos, y todos tienen sus leyendas y su forma de ver y de entender el mundo en el que vivían.

No había grandes religiones a pesar de que a los iroqueses y sus Cinco Naciones (o Seis Naciones cuando aceptaron a los tuscarora), cheroqui, los chickasaw, los choctaw, los creek y los seminola (o los mohawks, onondagas, oneidas, cayugas y senecas, según otros textos, si bien es cierto que estos pueblos se llamaban a sí mismos de otras maneras) tenían sus creencias, y también es cierto que adoptaron algunas de las formas, vestimentas, normas y conductas de los hombres blancos, aunque antes de eso ya tenían una firme y eficiente federación que unía en una administración social, económica y política a todos ellos, y a quienes se quisieran sumar a la Nación soberana y libre de los iroqueses.

Tampoco hay un acuerdo total en cuanto a la situación geográfica de estas tribus, pues algunas fuentes señalan el Sureste y otras el Noroeste, para situar a los iroqueses originarios, y no a los actuales situados al noroeste de Norteamérica en frontera con el Canadá.

Seguirles la pista no es nada fácil pues no construían con cemento, y hay otras tribus que hablan iroqués sin pertenecer a la federación, aunque a la llegada del hombre blanco ya contaban con "la casa larga" hecha de madera en lo que hoy es Canadá del Suroeste, y su influencia iba desde Los Grandes Lagos hasta lo que hoy es Terranova.

Lo que tenían en común las Cinco (o las Seis) Naciones era la lengua iroquesa, y si bien sus leyendas y su concepción sobre el principio del mundo eran diversas, tenían la noción conjunta del Gran Espíritu, lo mismo que las tribus de lengua apache que ocupaban el suroeste y las llanuras norteamericanas con Manitú.

Tras la invasión de los europeos, muchos pueblos originarios se sumaron a la federación iroquesa y se replegaron a territorios del norte de Canadá para evitar su desaparición, aunque algunos no lo lograron, con lo que sus mitos y leyendas se incrementaron y sus creencias se diversificaron, e incluso se sincretizaron con las creencias de los hombres blancos, pero sin abrazar las religiones judeocristianas, pues para ellos todo era sagrado y no había dioses propiamente dichos.

Tan sabios eran los iroqueses y tan pulcra su administración federativa, que inspiraron incluso a los hombres blancos a crear sus gobiernos en Canadá y en Norteamérica, con una igualdad de género y un humanismo inédito en Europa.

La inspiración iroquesa.

No dejaremos de hablar de muchas otras agrupaciones originarias y sus creencias, mitos y leyendas, pero empezaremos por las cuatro más numerosas e importantes, las que aglutinaban a muchas otras tribus a través de un mismo idioma, de una misma lengua y de unas mismas prácticas mágicas y esotéricas, los iroqueses y los apaches, los sioux y los algonquinos.

COSMOGONÍA IROQUESA

Originalmente, los iroqueses tenían por seguro que todo era y estaba conformado por el Gran Espíritu, pues todo lo insuflaba y todo lo contenía.

No era un dios creador al estilo de Jehová, pues no tenía nombre, forma, cuerpo ni apariencia; y tampoco era exactamente como Brahma, porque no tomaba avatares ni era un jerarca.

Iroqueses.

El Gran Espíritu era los cuatro elementos que lo conformaban todo: Agua Natal, Fuego Transformador, Aire Vital y Tierra Acogedora, e incluso Madera Protectora, como los chinos.

El Gran Espíritu tomó como esposa a la naturaleza para crear el mundo que conocemos.

La naturaleza, madre de todo lo visible, nació mucho antes que los hombres, tanto, que ya nadie se acordaba de cuándo ni dónde, porque es anterior a esta Tierra.

En el ánimo del Gran Espíritu ya existían los animales, que fueron traídos a este planeta por La Mujer del Cielo, que para unos es la naturaleza misma pero para otros no, y que con la ayuda de los animales como el oso, el lobo y el águila, o las tortugas, las aves y los peces, fueron dándole forma a esta Tierra, primero llenándola de agua y luego haciendo brotar la tierra firme y todo lo que hay en ella.

La Mujer del Cielo quería que todo quedara y fuera perfecto, pero quedó embarazada y tuvo gemelos, el Gemelo Armonía, que era como ella, y el Gemelo Caos, que en nada se le parecía, pero que también era su hijo, por lo que comprendió que tenía que dejarlo ser y existir, pues sin él, y solo con pura armonía, no había avance ni conocimiento ni experiencia que equilibrara las cosas y de diera un sentido real al Gemelo Bueno.

Si solo estás en el bien, por pura ignorancia y soberbia puedes hacer el mal, pero si lo pasas mal, lucharás siempre por hacer el bien gracias al valor de la experiencia; y si solo estás mal todo el tiempo, acabarás enloquecido, embrutecido y destruyéndolo todo.

Por lo tanto, lo verdaderamente importante es el equilibrio entre las fuerzas antagónicas de los hombres y de la naturaleza, que se alcanza a través de la experiencia y el conocimiento.

Nada es realmente malo ni nada es realmente bueno; lo que pasa, como sucede entre nuestros hermanos los animales, es que a veces tenemos hambre, frío, miedo y deseos, así estamos hechos, y hacemos lo posible para saciar el alma, la mente y el cuerpo a cualquier precio, hasta que aprendemos cómo hacerlo sin hacer daño a nada ni a nadie, pero tardamos media vida en saberlo.

Todo lo demás es sagrado y respetable para las creencias místicas y mágicas de los iroqueses, porque todo es común, todo nos compete: el hermano y el extraño, el igual y el diferente, el día y la noche, los astros y los insectos, el río y el desierto, los lagos y las volcanes, el cielo y el suelo que pisamos, porque en todo, incluso entre nosotros, está presente el Gran Espíritu, que nos regala esta experiencia de la existencia, pero que no juzga ni castiga, tampoco premia ni regala, solo guía.

Nadie es más ni nadie es menos, nadie es superior y nadie es inferior, porque todos somos un mismo ser, un mismo pueblo, que navega sobre la misma barca a la que llamamos Madre Tierra.

Antes de todo no había nada, pero antes de nosotros, los iroqueses, hubo muchas vidas, muchas expresiones del Gran Espíritu.

¿Cuántas veces ha sido creado el hombre?

En la mitología iroquesa el ser humano es un animal de creación reciente, porque cuando llegamos a este mundo todo ya estaba creado, y nosotros nada hicimos para que así fuera, simplemente llegamos y ya todo estaba allí, esperándonos para cuidarnos y para alimentarnos, o para ponernos a prueba ante las adversidades.

Para nosotros todo fue privilegio, todo fue un regalo de la Mujer del Cielo, incluso aquello que consideramos malo.

Antes que los hombres fueron los lobos, o los coyotes, los que ocuparon la Tierra y hacían todo lo que los hombres hacen hoy en día.

Los coyotes, antes que los hombres.

Pero no pudieron progresar, o quizá no quisieron hacerlo, y volvieron a un estado primitivo, y sin embargo sagrado, pues su bravura y su nobleza permanecieron en su carácter y en su forma de vida.

Las aves también ocuparon la Tierra antes que los hombres, tan sabias e inteligentes que enseñaron a los humanos el arte de tejer y el arte de amar y de cortejar a sus parejas, así como de cuidar a las crías y de ser fieles y leales con la comunidad y la familia.

Y así cada animal llegó antes que los hombres para enseñarles la paciencia, como la tortuga; el milagro de la vida, como los peces; el valor y la resistencia, como los osos; y la astucia, como las serpientes; o el sentido de comunidad, como los búfalos.

Todos ellos eran seres sagrados traídos por la Mujer del Cielo, que, además de ayudarla a formar el mundo, entregaban su vida para que los hombres comieran, se cubrieran del frío y se adornaran la cabeza, en el más elevado sacrificio y servicio para la humanidad.

Antes de todos estos seres vivos, los árboles de los bosques, los pastos de las llanuras, las aguas de lagos, ríos y mares, las nieves de las montañas, los volcanes, las cuevas, las nubes y los cielos infinitos les dieron luz y sombra, cobijo, calor y frío, semillas e insectos, y diferentes estaciones en las que caen las hojas y florecen los lirios.

Una verdadera maravilla de mundo, incluso con sus problemas y sus peligros.

LA VIDA Y LA MUERTE IROQUESA

Originalmente, los iroqueses pensaban y creían que la verdadera vida estaba aquí, en este mundo y no en el más allá, porque aquí estaba todo lo que amaban y lo que necesitaban, con dioses como alimentos y maestros, y un sentido vital de ser, hacer y estar, amar y luchar por la existencia misma.

Para algunos investigadores la idea de "irse al cielo" puede ser una influencia religiosa del hombre blanco, pero no una creencia original.

La muerte merecía una celebración en concordancia con la vida que se había vivido, y no un duelo por la ausencia.

Había muertos que se iban para siempre con el Gran Espíritu, porque ya habían cumplido con su misión en esta vida, pero había otros que regresaban, pues aún tenían cosas que hacer en este mundo o habían muerto de una manera intempestiva y antes de haber vivido plenamente.

Por lo general, este tipo de reencarnación sucedía dentro de la misma familia o comunidad, sin karmas ni castigos por pagar, sino simplemente para seguir su vida donde la habían dejado.

El trance de la muerte duraba un año, en el que la persona difunta se iba para siempre o regresaba, y durante ese año bien podía visitar a la familia, casi siempre como espíritus de bondad, para guiarla o simplemente para hacerle notar su presencia.

También creían que había difuntos que ni reencarnaban ni se iban para siempre, sino que se quedaban en la Tierra como cuidadores o protectores de las nuevas generaciones, e incluso como inspiradores de estudios o desarrollo de dones, una especie de númenes o ángeles que convivían en el interior, alma o mente de los vivos. Incluso algunos de ellos servían simplemente de consuelo para los que sufrían, o de inspiración y coraje para los que temían a la muerte.

Como los buenos agricultores que eran de maíz, frijol y calabaza (las Tres Hermanas), los espíritus de las iroquesas se encargaban de las buenas cosechas y de las pertinentes lluvias, porque en vida ellas eran las dueñas de los terrenos y de las tierras sembradas, y no abandonaban sus obligaciones durante todo un año aunque estuvieran muertas, o por lo menos hasta que otras mujeres se encargaran de cuidarlas y de ver que los hombres no fallaran ni en el sembrado ni en la cosecha.

La Mujer del Cielo representaba a todas y cada una de las mujeres del mundo, y gracias a ella quedaban embarazadas y daban a luz sin problemas: dar vida y traer un nuevo ser al mundo era todo un milagro de amor y supervivencia.

¿De dónde venimos, dónde estamos y hacia dónde vamos?

Dicen los iroqueses que los humanos no somos ni mucho menos los primeros, ni los mejores ni los elegidos de los cielos.

Somos hijos de los hijos de los hijos de la Mujer del Cielo.

La Mujer del Cielo andaba en una isla flotante por el firmamento y las estrellas, hasta que descendió al Gran Mar sobre el caparazón de una tortuga.

La isla flotante de la Mujer del Cielo.

Desde el lomo de la tortuga y ayudada por las aves y los peces, la Mujer del Cielo fue creando cosas, como la tierra firme y algunos de los seres que la habitan.

La Mujer del Cielo quedó embarazada y dio a luz a los dos Gemelos, el Malo y el Bueno, y a sus mujeres, y luego a otros humanos, de donde le salieron nietos y más nietos.

Todos ellos, generación tras generación, fueron haciendo al mundo como lo conocemos hoy, pero todavía hace falta hacer más cosas para tenerlo completo.

Así estamos hoy, en un mundo hermoso y maravilloso, pero incompleto, y nuestro destino es permanecer en él hasta que sea perfecto y congratule de verdad a la Mujer del Cielo, siempre guiada por el Gran Espíritu.

Todos provenimos de ella: todas las tribus son sus nietos, no hay diferencias, porque hasta el Gemelo del Mal y el Gemelo del Bien nacieron de ella. En su regazo todos cabemos y a todos nos amamanta.

Según los iroqueses, quizá algún día volvamos a la isla que flota en el firmamento, donde vino la Mujer del Cielo, y salgamos de esta otra isla, la Tierra, que viaja entre las luces del firmamento.

La promesa celestial

Cuentan y dicen los ancianos que hace mucho tiempo llegaron hasta las tierras de los iroqueses unos misioneros blancos, todavía sin armas e intentando comprender el habla de nuestros pueblos, porque decían que venían a pescar almas, no salmones, y a cazar espíritus, no bisontes, y que para eso prometían la limpieza de los pecados y la vida eterna en los cielos.

—¿Qué son los pecados? —les preguntaron.

—El mal comportamiento —respondieron los misioneros—, o el ofender a dios, o a cristo, que es lo mismo.

—¿Y cómo se limpia? ¿Portándose bien?

—Sí, y no, porque el diablo acosa y se burla del buen comportamiento y hace cosas malas que parecen buenas, y viceversa.

—¿Entonces?

—Entonces hay que tener fe en Cristo.

—¿Y ya está?

—Sí, porque Cristo con su sangre quita los pecados del mundo.

—¿Si matamos y robamos, pero tenemos fe en su dios, no tenemos que dar cuentas a la comunidad?

—Así es...

—Demasiado fácil, no suena bien.

—Pero tras morir te vas al cielo.

—¿Y ese cielo cómo es?

—Precioso y eterno, lleno de frutos y bienes, animales mansos y coros celestiales como los de las aves, y los mares y los ríos henchidos de peces.

La promesa del cielo.

—Pues como nuestra tierra, y ya estamos en ella.

—Más o menos —aceptó uno de los misioneros—, pero

mejor, porque en nuestro cielo podrán adorar a dios eternamente, si son los elegidos.

—¿Y los que no son elegidos?

—Se van al infierno.

—¿Qué es eso?

—El mal y el dolor eternos.

—Parece aburrido, quizá sea mejor ir a la caza del ciervo, como hacemos aquí, cuando parece que todo es lo mismo y eterno, tanto si estás malo como si estás bueno. Además, aquí comemos, bebemos y amamos, vemos crecer a nuestros hijos y morir a nuestros abuelos, hacemos grandes fiestas y disfrutamos de lo propio y de lo ajeno, porque todo es de todos y no de unos pocos que se van al cielo.

Los misioneros se quedaron callados unos momentos, se miraron a los ojos y tuvieron una epifanía: de ahora en adelante serían iroqueses, si los aceptaban, y sí, los aceptaron, por lo que de inmediato se quitaron los hábitos y se abrazaron casi desnudos con su nuevo pueblo: ¡por fin habían llegado al cielo!

COSMOGONÍA APACHE

A pesar de las diferencias, lo que sí compartían muchos pueblos autóctonos era la visión cosmológica, así como algunas tradiciones, mitos y leyendas, donde el Gran Espíritu prevalecía por encima de todas las cosas.

Los apaches, a pesar de ser los más conocidos popularmente, no eran ni son muy abiertos a la hora de contar sus tradiciones, porque a ellos no les interesaban las historias míticas de los hombres blancos, y no creían que a los hombres blancos les interesaran las suyas.

Más que hablantes, los apaches eran practicantes de sus creencias, y si alguien quería conocerlas debía convivir con ellos por varios años, pues solo la experiencia podía abrir las puertas del conocimiento al mundo de los espíritus.

Apaches y navajos, así como los jicarillas y los mescaleros, comparten la misma lengua y algunas tradiciones, pero no exactamente las mismas creencias mágicas, sagradas o esotéricas; todos fumaban en pipa, pero no siempre en la famosa Pipa de la Paz, porque dependía del tipo de hierba fumada, que podía ser para una fiesta, una distensión social o un viaje a las luces del cielo, para hablar con los espíritus o para hacer un recorrido mágico por la misma Tierra.

Los investigadores se hacen cruces al respecto, ya que los apaches de las reservas indias actuales tampoco son abiertos ni parecen conservar las antiguas tradiciones, aunque siguen tejiendo y dibujando en sus enseres, collares y vestimenta —que venden a los turistas— buena parte de lo que sería su mitología, la que intentan describir los investigadores a través de esos dibujos, rombos y grecas, aunque a menudo no sean más que diseños apegados a la estética apache y nada más, por lo que a menudo los investigadores entran en polémica y cada quien publica lo que cree haber encontrado.

Con todo, alguna que otra leyenda de la creación

del mundo, o cosmovisión apache, ha llegado hasta nuestros días, aunque cada quien la cuente a su manera.

LA IMPORTANCIA DE LOS COLORES

Alma Grande (que no es ningún dios ni ese es su nombre, porque no tiene nombre ni cuerpo ni aspecto alguno) se posó sobre las aguas eternas y vio que había mucho vacío, que ahí faltaba algo, y creó las estrellas.

Gran Espíritu (que no es ninguna diosa ni ese es su nombre, porque no tiene nombre ni cuerpo ni aspecto alguno) se juntó con Alma Grande y con las aguas eternas enfrió algunas estrellas para poder sentarse en ellas.

Así estaban, sentados, viendo pasar el tiempo y las estrellas.

Vieron entonces que faltaba algo, y empezaron a modelar con un palito los montes y los bosques, los llanos, los ríos y los mares.

Luego todo crecía y se modelaba a sí mismo porque el espíritu estaba con todas las cosas dibujadas.

Quedaron contentos.

Se sentaron.

Vieron entonces que seguía faltando algo.

Movieron los montes, los valles, los ríos y los mares, y empezaron a salir los animales, unos buenos y sanos, y otros malos y ponzoñosos, unos que comían hierba, y otros que comían carne, pero todos de su agrado.

Como en los animales estaba el espíritu, ellos solos siguieron juntándose y creándose, hasta llenar los montes, los bosques, los valles, los ríos y los mares.

Quedaron más o menos contentos, aunque algunos animales no fueron del todo de su agrado, pero ahí los dejaron, que se entendieran entre ellos.

Se sentaron, vieron todo y descansaron.

Más tarde pensaron que seguía faltando algo, no sabían qué, pero algo.

Con el palito de dibujar pintaron de azul a unas criaturas.

Las observaron, y las dejaron en el mundo a ver qué pasaba.

Las figuras azules eran como los hombres de ahora, pero más grandes y más fuertes, que se comían todo y que no se querían morir nunca.

Los animales se quejaron a los dioses, porque si se los seguían comiendo y no se morían para dejar que se repusieran y tuvieran más crías, pronto no quedaría animal corriendo por los llanos o los bosques, o nadando por los ríos y los mares.

Vieron que los animales razonaban bien.

Pensaron un rato.

Y finalmente borraron a los azules.

Los animales agradecieron y repoblaron.

Observaron con agrado, pero seguía faltando algo.

Cogieron el palito de pintar, y dibujaron unas figuras amarillas.

Esas figuras amarillas eran como los hombres actuales, pero más altas y menos robustas.

Las figuras amarillas no comían tanto, pero rascaban la tierra y movían el curso de los ríos y de los mares, y lo cambiaban todo a su gusto y acomodo.

Tampoco querían morirse.

Los montes, los valles, los bosques, los ríos y los mares se quejaron.

Los amarillos nos están destrozando, pronto los vientos y las aguas se saldrán de su cauce y el mundo quedará seco por unas partes e inundado por las otras, matando a muchos animales y haciendo que perdamos esplendor y belleza.

No se quieren morir, si por lo menos se murieran podríamos descansar de ellos y regresar a donde nos pusieron, moviéndonos muy poco a poco para no arruinar la belleza del paisaje.

Vieron que era verdad lo que decían.

Meditaron.

Borraron a los amarillos y los ríos y los mares volvieron a su cauce, los bosques florecieron y los montes respiraron el aire fresco que volvía a correr tranquilo.

Se sentaron y vieron complacidos el resultado.

Ya después volvieron a pensar que seguía faltando algo.

Cogieron el palito de dibujar y pintaron a los verdes.

Los verdes aún se parecían más a los hombres de ahora.

Como a los anteriores, solo pintaron cuatro, y, como los anteriores, de cuatro en cuatro se fueron multiplicando hasta llenar el mundo.

Los verdes pasaron mucho tiempo sin que nadie se quejara de su presencia, porque respetaban a las cosas y solamente se comían a los animales que necesitaban, apartando los buenos de los ponzoñosos, pero tampoco se querían morir, pues vivían muy bien y de acuerdo con la naturaleza.

Con el tiempo fueron muchos, demasiados, y por bien que se portaran no dejaban lugar para más, todo estaba tapizado de los verdes, y hasta entre ellos mismos se empujaban para caber y poblar todos los lados.

Unos en los llanos, otros en los montes, otros en los ríos y en los mares, y muchos colgados o encima de los grandes árboles de los bosques.

Llegó el día en que todos se quejaron, incluso los mismos verdes, pues cada día les faltaba espacio y apenas si se podían mover y respirar.

Si por lo menos se murieran, decían todos, podríamos tener lugar para crecer, movernos y jugar.

Así que borraron a los verdes y todo volvió a su sitio.

No estaba mal.

Pero, por supuesto, seguía faltando algo.

Se sentaron y lo pensaron.

Cogieron el palito de dibujar y pintaron a los rojos, atravesados por un rayo en símbolo de su mortalidad.

No queremos morir, dijeron los rojos.

No morirán más que de cuerpo, el espíritu estará siempre con ustedes, así podrán descansar y dejar descansar al mundo, para volver después.

Nunca habrá de más ni de menos.

Con cuatro que pintaron fueron creciendo, y, cuando eran viejos morían, descansaban y volvían a nacer, hasta que fueron muchos y ya no quisieron estar volviendo en carne, solo en espíritu, para acompañarse mutuamente entre los suyos.

Vieron que estaba bien.

Descansaron y observaron.

Algunos azules, verdes y amarillos se colaron entre las muertes y los nacimientos de los rojos, y así llegamos a ser lo que ahora somos nosotros, carne y espíritu de diversos colores.

Cuando aparecieron los blancos, muy lejos y allá por el norte, todos se extrañaron y, por si las dudas, se quejaron al Espíritu para que los borrara, por si acaso salían con que no se querían morir o por si eran comelones y malos.

Alma Grande y Gran Espíritu, que siempre fueron dos, aunque solo eran uno, tan sorprendidos como los rojos y los hijos de los rojos, les contestaron que nada podían hacer, porque ellos jamás habían pintado a los blancos.

No son del Espíritu, dijeron, no podemos borrarlos, pero ya se borrarán solos.

Así el mundo quedó pintado y dibujado en los escudos de los apaches.

El Sol y la Luna

Estaba el espíritu del Sol dentro de una montaña, porque afuera todo lo quemaba y provocaba mucho calor.

El agua se evaporaba y las plantas se secaban.

Los animales se cocinaban y nadie estaba a gusto.

Por eso el Sol estaba como escondido dentro de una montaña.

La Luna estaba dormida, tirada sobre la llanura.

A veces brillaba, cuando el Sol la miraba desde lejos.

A veces no, porque le daba al Sol la espalda hasta que el Sol ya no la miraba.

Se daba la vuelta, abría los ojos y luego seguía durmiendo.

Cuentan y dicen que el Sol estaba enamorado de la Luna, pero no se atrevía a salir y decírselo, porque se hacía mucho escándalo cuando todo empezaba a quemarse y el calor era insoportable.

Por eso solo asomaba un ojo para mirarla, y entonces ella se iluminaba y despertaba, para volverse a dormir.

Ella ni siquiera sabía que el Sol existía, y mucho menos que quería enamorarla.

La Luna esperando al Sol, su amante.

El Gran Espíritu animó al Sol para que saliera de su escondite y le declarara su amor a la Luna, y el Sol empezó a animarse y se dijo a sí mismo que pronto saldría.

Mientras tanto la Luna, aburrida de solo dormir, se levantó, fue a beber agua al mar y se resbaló, pero no se hundió, porque flotó junto con la corriente hasta perderse por el horizonte donde el mar se acaba.

Cuando se dio cuenta, sin mar que la sostuviera, la Luna se encontró flotando en el cielo, y ahí empezó a dar vueltas tratando de volver a la llanura, pero seguía flotando sin poder hacer nada.

El Sol, armado de valor, salió de la montaña como si lo escupieran, y miró hacia la llanura, pero no vio nada.

¡La Luna no estaba!

No estaba, pero siempre había estado ahí.

Miró para todos lados mientras seguía volando por la fuerza con la que lo había escupido la montaña, pero la Luna no estaba ni en la llanura, ni por el lago ni por el bosque ni al lado de la montaña.

Entonces el Sol lloró, y de los rayos que mandó en su tristeza nacieron los hombres.

Quiso bajar a verlos, pero no pudo: la montaña lo había escupido tan fuerte que fue subiendo en el cielo hasta quedar en lo más alto.

Cuando llegó la tarde creyó que volvería a su montaña, porque se sintió descender, pero allá donde caía no había nada, el mundo se le había acabado y no tenía dónde poner el pie.

Miró entonces hacia el cielo y ahí la vio aparecer, y en cuanto la vio la Luna brilló y lo conoció, él le habló de su amor, y ella se puso tan contenta que de sus risas nacieron las mujeres que cayeron a la Tierra.

Él corrió detrás de ella.

Ella corrió detrás de él.

Pero por mucho que corrían no podían encontrarse, porque mientras ella se ponía brillante o se oscurecía corriendo de un lado para otro, él seguía el mismo camino, inclinándose un poco por aquí, y a veces un poco por allá, pero sin desviarse.

Cuando por fin se encontraron, se abrazaron y se besaron por un instante, y de ese beso y de ese abrazo nacieron algunos animales.

Luego se soltaron y siguió cada quien por su lado, el Sol necio en su camino de siempre, y la Luna dando tumbos por todas partes.

Se encontraban muy de tanto en tanto, y cada vez que lo hacían ella quedaba velada y el oscurecía su semblante, pero a cada encuentro iban naciendo más y más animales, peces, mariposas y abejas.

Luego nacieron las flores, las hierbas, los arbustos y las serpientes y las arañas.

El día que dejen de juntarse, empezará todo a recogerse en el Gran Espíritu, porque sin los encuentros amorosos del Sol y la Luna ya no nacerá nada.

DIOSES APACHES

En la actualidad, los pocos apaches que quedan son cristianos por adopción y porque algunas misiones, como la franciscana, les facilitan ciertas ayudas sociales y económicas, pero no parecen muy practicantes de los ritos protestantes ni de los católicos, pues siguen practicando muchas de sus tradiciones.

De hecho se puede decir que los apaches no tienen dioses —o el concepto de dioses entre sus creencias—, aunque hay algunos investigadores que dicen, siguiendo alguna de las cosmogonías de los diversos pueblos apache de la antigüedad, que sí debe haber alguno, como Kutérastan, que crea al mundo mandando un rayo desde las alturas, pero esta es solo una apreciación desde una mirada judeocristiana a la que le cuesta mucho trabajo entender que existan personas o grupos humanos sin creencias parecidas a las suyas, sin dioses ni seres superiores.

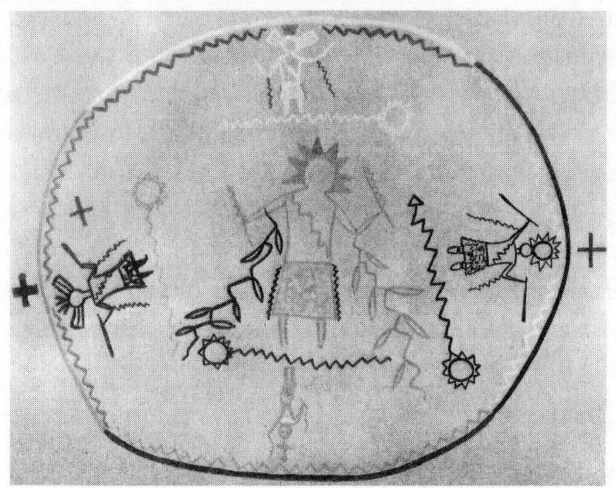

Kutérastan creando el mundo.

EL MÉDICO BRUJO

La manía de los hombres blancos de llamarle "chamán" a cualquier persona que se dedique a la magia, la brujería o las medicinas alternativas es una estulticia necia y consuetudinaria que debería desterrarse de sus textos y de su vocabulario, me dijo el anciano José Cruz, o Águila Larga, cuando le pregunté acerca del tema.

En el mundo apache en casi cada tribu había un hombre o una mujer —y a veces más de uno— que se dedicaba a curar a los demás, que conocía las danzas, las tradiciones y las hierbas de untar, comer o fumar, como el hipericón o el tabaco, y que a veces tenía visiones, aunque no siempre, pero sí buenos consejos cuando llegaba a viejo, pero más por viejo que por brujo.

Por supuesto, muchos de sus trabajos eran para pedir a los espíritus su colaboración, primero por las buenas, luego por la magia y algunas veces por las malas y la confrontación directa.

Por las buenas se hacía una comunión, y se le pedía al búfalo que se dejara cazar y que diera buena carne.

A la serpiente que no muerda y que no envenene.

Al lobo y al coyote que no roben, no muerdan y no contagien la rabia.

Al oso que esté tranquilo y que no robe la comida ni acabe con los panales.

A la lluvia que sea puntual y benigna, que no caiga como chaparrón y deslave la tierra y saque a los ríos de su cauce.

Al agua que fluya y que no dañe los estómagos al beberla.

Al fuego que cocine y que caliente.

A la piel que se curta bien y que no se raje.

Al viento que corra y que refresque, pero que no levante la tierra ni tire los árboles ni se lleve a los tipis.

Al sol que alumbre, pero que no queme.

A la luna que acompañe en las noches oscuras.

Al caballo que se deje montar.

A las cabras que no muerdan y den buena leche.

A los enfermos que se curen.

A los muertos que vuelvan y que protejan al pueblo.

Y así a todas las cosas.

Cuando la petición amable y por las buenas no funcionaba, se recurría a la magia, a las danzas, a los rituales, a los insultos, a las exigencias, al propio poder para cambiar las cosas, y se elevaban quejas al Gran Espíritu para que las cosas mejoraran o cambiaran para bien.

Si la magia no funcionaba, se recurría a la lucha, al enfrentamiento, al valor y al coraje, porque en esos casos ya se sabía que no había magia ni Gran Espíritu que pudiera ayudarles, y que dependía de ellos perder o ganar, o que las cosas cuadraran o no cuadraran.

Hay espíritus malos y chocarreros, vengativos y de mala entraña, y a esos también se les combate por las buenas, por la magia o por las malas.

Si se ha de ganar, que es lo mejor, se gana, y si se ha de perder, se pierde, porque nada está garantizado ni dura eternamente, solo el Gran Espíritu que está más allá del bien y del mal, porque el estar en todo y en todos no lo hace responsable de los actos, los triunfos o los errores de los demás, él simplemente va a ser y a estar siempre ahí, así que hay que guerrear y matar, se lucha y se mata, y si hay que morir, se lucha y se muere con dignidad.

Para el resto hay que tener paciencia, porque al final todo pasa, todo termina y todo vuelve a empezar.

El médico brujo apache, que no es ningún chamán, así lo danza, lo fuma y lo canta en la mitología apache.

COSMOGONÍA SIOUX

Hay muy pocas variedades cosmogónicas en el resto de los grupos originarios de Norteamérica, pues la idea del Gran Espíritu prevalece en casi todas ellas, con algunas excepciones en las tribus más guerreras, como los pies negros o los shoshones, donde se cree que el ser humano nace de la tierra y a la tierra vuelve cuando muere, y todo es tan sagrado como maldito, todo depende de cómo se afronte la vida, y para ellos, por supuesto, la mejor manera de afrontar la vida es luchando, tomando lo que se desea con arrojo y sin importar la suerte de los demás, aunque en realidad nunca cometían genocidios ni acababan con pueblos enteros para despojarlos, y si acaso, además de la famosa costumbre de cortar cabelleras, a veces amputaban dedos, orejas o manos para quedarse con una alhaja.

Muchos eran los dioses, y los demonios, como los que llegaron de Europa, pero por sagrados que fueran se les podía matar.

"Todo puede morir, y todo se puede matar; la lucha es eterna."

Los sioux, a veces feroces guerreros (sobre todo cuando enfrentaron a los invasores blancos), también pensaban que todo, incluso lo sagrado, se puede matar, con la excepción de la Madre Tierra, porque aunque parezca que se le puede hacer daño, en realidad nunca muere, siempre persiste y resiste, ella es eterna.

Como los pies negros y los shoshones, las tribus sioux (dakota, lakota, santee y por lo menos 20 tribus más) creían que los verdaderos seres humanos eran ellos, lo mismo que pensaban los apaches (los diné), y el resto eran animales, algunos buenos y otros malos, pero animales, al fin y al cabo, porque habían brotado de la Madre Tierra.

Su cosmogonía, según algunos autores, no es tan compleja como la de los apaches o la de los iroqueses, pero sí más ritual y esotérica, pues tienen su Gran Espíritu, Wakan Tanka, que apenas si tiene que ver con los hombres, pues en realidad se encarga de crear y unificar el universo entero y el resto de la naturaleza para ver en ella señales, divinidades enfadadas o contentas, más que demonios propiamente dichos.

Todo se puede arreglar con cantos, rezos, rituales y ceremonias, pues le confieren poder al pensamiento y al ser interno de los humanos, que bien guiados y en plena catarsis son tan divinos y sagrados como el resto de la Tierra.

Su Pipa de la Paz es sagrada, viene de las alturas o fue creada por seres divinos desde el principio de los tiempos, o antes.

Cuentan con siete misterios que no le revelan a nadie.

Depuran el alma tanto como el cuerpo en sagradas ceremonias.

Creen en guías y en influencias externas, tanto benignas como malignas; en una especie de "mal de ojo" y en la magia negra que los enemigos hacen sobre las tres divisiones de sus tribus.

La muerte es una liberación, pero también puede ser una condena, aunque no hay lo que en las religiones judeocristianas es el cielo o el infierno.

Wakan Tanka es inalcanzable, y el bien y el mal, la alegría y el dolor, la salud y la enfermedad, la juventud y la vejez están en esta Tierra y a ella se apegan los espíritus de los hombres.

¿DE DÓNDE SALIERON LOS HOMBRES Y LAS MUJERES?

Los hombres y las mujeres salieron de Wakan Tanka, y Wakan Tanka lo es todo.

Wakan Tanka es creación y principio dc todas las cosas.

Wakan Tanka es la luz.

Wakan Tanka es la vida misma.

Wakan Tanka es el sol y la luna, y las pequeñas luces de los cielos.

Wakan Tanka es la tierra que pisamos y las aguas que nos nutren y refrescan.

De ahí salimos nosotros, hombres y mujeres como

un espíritu y como un misterio, porque Wakan Tanka es lo que está y se ve, y lo que no está y no se ve.

Los lakota lo llaman "padre", pero también lo llaman "abuelo", porque es parte de nuestros antepasados tanto como de nosotros.

La verdad es que no hay nada más que Wakan Tanka, de él viene todo.

Interpretación artística de Wakan Tanka.

Wakan Tanka ya existía antes de todo lo que podamos recordar.

Wakan Tanka vivía y era en la gran oscuridad llamada Han.

Vivía bien y todopoderoso, pero llegó un tiempo en que sintió solo, y se dijo a sí mismo: “voy a crearme unos compañeros”.

Así creó a Inyan, la piedra, para que le hiciera compañía, pero la piedra era poco afectiva y demasiado dura.

Entonces creó a Inyan Maka, la tierra, para poder posarse sobre ella y descansar.

Inyan, a pesar de su dureza, se enamoró de Inyan Maka y le hizo la corte.

Inyan Maka le respondió y copularon, haciendo las delicias de Wakan Tanka.

De su copulación nació el Cielo, Skan, grande, glorioso y elevado.

Inyan Maka gustó de su hijo, copuló con él, y de esta copulación nació el Sol, Wi, y así formaron una gran familia que acompañó los eones solitarios de Tanka Wakan.

Los dioses eran Tanka Wakan, y Tanka Wakan eran los dioses.

De Inyan, Inyan Maka, Skan y Wi fueron naciendo generaciones y generaciones, familias y familias, hasta llegar a la Tierra y brotar de ella tras derramar su simiente celestial.

Así nacimos los sioux, y aunque lejano y sin cuerpo, Tanka Wakan es nuestro pariente.

Copular y copular hasta llenar la Tierra

La conformación social de los sioux era la familia, y de la familia el grupo, y del grupo las alianzas con otros grupos; siempre matrilineal, donde las mujeres tenían un gran papel, y el matrimonio era fundamental con la poligamia y la poliandria bien estructuradas y regladas.

Pareja sioux.

La unión y la familia eran sagradas, y dentro de la familia podían darse todo tipo de relaciones amorosas y sexuales.

El incesto no era obligado, pero sí de lo más normal, y no era raro que una madre se casara con su hijo aunque ya estuviera casada con otros, para engendrar más brazos guerreros para los dakota, los lakota o nakota, y así engrandecer la nación sioux.

Tampoco era raro que un hombre sioux estuviera casado con cuatro mujeres, las cuales a su vez estaban casadas con otros hombres.

Había parejas heterodoxas, hombre y mujer con sus hijos, sobre todo entre los lakota, y parejas nada ortodoxas que cuidaban de los hijos de la comunidad.

A pesar de estas relaciones que casi volvieron loca a Ruth Benedict, no eran especialmente promiscuos, y tampoco obligados a seguir un esquema predeterminado, pues como decían ellos mismos: "hay que volar juntos, pero nunca atados".

Por un lado, el amor y el sexo eran cosa sagrada y mística en honor a Inyan Maka, y por el otro era un orden social de destino.

DESTINO Y DIOSES DE LOS SIOUX

Su destino, como los verdaderos seres humanos que eran, se dirigía a ocupar las Cuatro Regiones del Mundo, y por eso tenían tribus en los cuatro puntos cardinales de su entorno, y construían sus tipis en forma circular para que allí cupieran, crecieran y se desarrollaran sus 16 dioses principales:

-WI, el sol, el portador de luz, calor y vida, el que aporta coraje y generosidad a nuestras vidas.

-SKAN, el movimiento celeste, es la fuerza y la energía que nos anima y activa.

-INYAN MAKA, la tierra misma y nuestra abuela que nos alimenta.

-INYAN, la piedra, compañía y naturaleza eterna del creador, la más antigua y la más duradera.

-HANWI, la luna, representa los ciclos de la vida, la menstruación y lo sobrenatural de las mujeres.

-TATE, el viento, controla las estaciones y vigila el camino que conduce al mundo de los espíritus, padre de los cuatro vientos y de los cuatro rumbos del mundo.

-UNK, el conflicto o el padre del mal, a veces doloroso, pero casi siempre necesario para aprender, avanzar y superar.

-WAKINYAN, pájaro del trueno, el relámpago y el rayo, es el señor de las tormentas y de los incendios.

-TATANKA, el dios bisonte o el búfalo, hermano del creador y del nativo, y eterno dador de la salud, el alimento y la vida.

-TOB TOB, el dios oso, señor de las hierbas medicinales, el amor y el coraje.

-WANI, las cuatro direcciones, hijo de Tate, el viento, que controla los ciclos y el tiempo, además de ser el mensajero de lo sagrado.

-YUMNI WI, la diosa del mar, restauradora del equilibrio, el amor, el deporte, el juego, la energía femenina.

-NIYA, el alma o espíritu interno y humano, aliento existencial, esencia de la persona que va más allá de la muerte.

-NAGI, ánima o principio vital que vive y habita tanto en humanos como en animales, piedras, árboles y ríos, y, en fin, en todo lo demás.

-SICHUN, inteligencia, don, intuición, inspiración o poder innato que habita en cada hombre y mujer, y en algunos animales.

-YUMNI, el misterio, el inmaterial, el huérfano que nunca ha nacido, el torbellino de aire o el pequeño torbellino interno que a veces nos incita a la travesura o al mal, el travieso mensajero de lo sobrenatural.

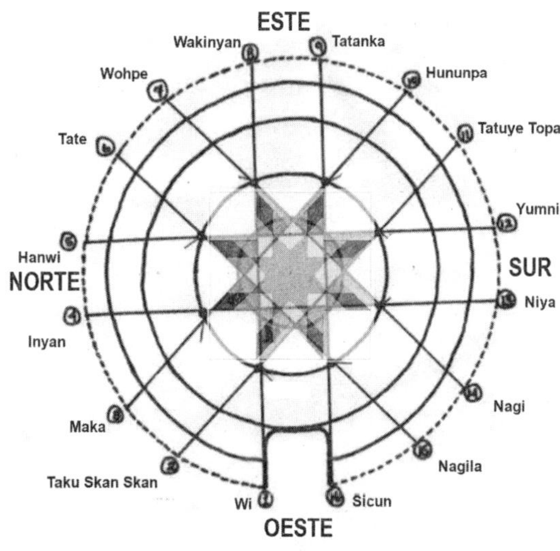

Los dioses que ocupan el universo sioux.

Todos ellos, junto a unos cuantos más —como el dios del canto de las aves o el de la astucia del coyote— eran compañeros de Wakan Tanka, el primordial, que más que mandar sobre ellos gozaba de su presencia como si fueran sus hermanos, porque así no estaba solo y aburrido en el Han.

LOS SEÑORES DE LOS CABALLOS

Si algún ser merecía su respeto y compañía como un hermano y verdadero amigo era el caballo, pues con él vivían, dormían, viajaban, cazaban, festejaban, jugaban, peleaban, hacían la guerra y hasta dormían y soñaban sobre su grupa, pues a él le confiaban la vida.

El caballo era un ser sagrado sin necesidad de ser un dios ni de rendirle culto de alguna manera, porque su sola presencia y compañía lo decía todo.

Sioux, los señores de los caballos.

Incluso los caballos de los invasores, más grandes que sus cimarrones, les merecían admiración y respeto, pues el Espíritu de Wakan Tanka estaba con ellos.

EL COYOTE Y EL NIÑO

Cuenta una leyenda sioux que hace algún tiempo un coyote merodeaba los tipis de los lakota en busca de comida o de un descuido para conseguirla, pero nadie se descuidaba.

Wiki, un niño de ocho años, era el guardián de las gallinas y los pavos, y no se dormía ni se alejaba, siempre con los ojos muy abiertos y el arco a punto de ser tensado para ahuyentar a cualquier bandido.

Un viejo lobo daba cuenta de su puntería mostrando a otros lobos la cicatriz de su herida.

El coyote conocía la historia y era consciente de que mientras Wiki vigilara, no debía poner en peligro su pellejo ni su vida, sino crear una estrategia para alejar a Wiki y entonces coger a su presa.

Cerca de la aldea corría un río, en el que una vieja lancha estaba olvidada en una vera porque ya no servía, y al coyote se le ocurrió utilizarla para engañar a Wiki, así que le hizo unas reparaciones superficiales y la acercó a la orilla desde donde Wiki pudiera verla.

—¡¿No te gustaría dar un paseo en lancha?! —le gritó el coyote desde lejos.

—Hombre, gustarme me gustaría, pero no puedo, porque estoy a cargo de los pavos y las gallinas.

—Si quieres yo las cuido mientras tú das un paseo, pues yo ya di el mío.

—No sé, no sé... —dudó Wiki.

—Venga, que la corriente no está muy fuerte y hay un remo que te espera dentro de ella.

—Bueno, pero solo un momento, de orilla a orilla mientras tú me cuidas a los pavos y a las gallinas.

—Por supuesto, no hay quien las cuide mejor que quien las ama y desea.

—¡Allá voy! Pero ten presente que si me fallas te arranco la piel a tiras después de flecharte —y le mostró un cuchillo muy grande y el arco.

—Confía en mí, que por cuidarlas no me juego la piel ni la vida.

Wiki corrió contento y saltó a la lancha, cogió el remo y viró hacia la otra orilla.

Cuando estuvo del otro lado vio a lo lejos al coyote persiguiendo a una gallina, e intentó volver enseguida, pero la lancha se rompió y se hundió en mitad del río con Wiki espantado y encima.

El coyote y la gallina.

El coyote ya tenía acorralada a la gallina y estaba a punto de morderla cuando la madre de Wiki, armada con un tomahawk, le dio en toda la espalda y lo hizo salir corriendo si su presa en las fauces.

Wiki llegó nadando exhausto a la orilla, a sabiendas de que su madre le impondría un terrible castigo.

Se acercó cabizbajo a ella, creyendo que el tomahawk

golpearía sus posaderas, pero en lugar de eso su madre lo abrazó.

—Creí que te ahogarías, y me dolió en el alma porque tú vales más que los pavos y las gallinas que con tanto celo cuidas.

—¿No me vas a castigar?

—Sí, pero antes debes aprender la lección y reflexionar sobre tu imprudencia que casi nos cuesta una gallina.

—No debo confiar en el coyote.

—Ni en nadie que te ofrezca algo que no has merecido.

—Sí, madre, lo entiendo, y de ahora en adelante seré menos ingenuo y más precavido.

Fue entonces cuando su madre por fin le arrió un fuerte tablazo en las posaderas, sorprendiendo a Wiki, que ya se creía fuera de peligro.

—¿Ves? —le dijo su madre—, ahora te doy lo que tenías bien merecido.

COSMOGONÍA ALGONQUINA

No se puede negar cierta relación entre iroqueses y algonquinos, pues la cercanía territorial —posiblemente milenaria— en los Grandes Lagos y norte de lo que ahora son los Estados Unidos de Norteamérica y sur de Canadá hace que la influencia sea mutua, si bien hay diferencias en cuanto a lengua, cultura y organización, pues la Liga o Federación iroquesa dista mucho del aglutinamiento algonquino, que fue de los primeros en enfrentar la llegada de los europeos holandeses, británicos y franceses.

Los iroqueses tardaron un poco más en enfrentar a los recién llegados, y lo hicieron con una sola lengua y una sola unidad federativa, mientras que los algonquinos nunca mostraron dicha unidad, sino muchas lenguas y muchas maneras de entender la vida y el universo.

Los iroqueses ya construían casas de madera bien fortificadas, mientras que los algonquinos no lo hacían, pues sus construcciones eran más rústicas, o menos elaboradas, y preferían los tipis que montaban y desmontaban en sus traslados.

Los algonquinos preferían la libertad de ir y venir por todo el mundo que conocían, mientras que los iroqueses eran mucho más sedentarios, agrícolas y civilizados, pero durante miles de años no hubo conflictos entre ellos, solo después de la llegada de los hombres blancos comenzaron a convertirse en conflicto sus escasas diferencias, entre muchas otras, la forma de relacionarse con los recién llegados y adoptar algunas de sus costumbres como la de demarcar territorios, cobrar impuestos y convertir la educación y la religión en manipuladas influencias sociales, además de utilizar el dinero como forma de intercambio, lo que agudizó la lucha por los recursos naturales que antes era de todos y no tenía un valor pecuniario.

Los iroqueses se replegaron y ahí siguen, mientras que los algonquinos fueron dispersados.

El pequeño Gran Espíritu

La diversidad de culturas y de lenguas entre los pueblos algonquinos dificulta encontrar una pauta mítica en su visión cosmológica, sin embargo, no se puede negar que tenían un muy agudo sentido del humor, por lo que algunos los consideraban algo infantiles, inmaduros y poco serios.

Algunos señalan que posiblemente fueron los creadores de Manitú, aunque para ellos no era tan grande ni tan capaz de resolver todos los asuntos, es decir, que era más bien pequeño aunque se encontrara en todas las cosas de la naturaleza, hombres y mujeres incluidos.

Para los algonquinos no había un solo y gran Manitú, sino muchos manitú, es decir, muchos espíritus tanto benéficos como maléficos. Cada persona, acto, fenómeno, suceso, animal o cosa tenía su propio manitú, al que se invocaba para que viniera y ayudara, curara, sanara, enriqueciera o se dejara cazar o recolectar, si era benéfico, o se le imprecaba para que se alejara si era maléfico.

El equilibrio

La mítica algonquina apostaba por el equilibrio y la unión de los contrarios, por lo que el Gran Espíritu no podía reproducirse a sí mismo y necesitaba de una fuerza antagónica, o una pareja, para crear las cosas y los seres del universo, el mundo incluido.

No hay escritos al respecto, pero sí algunas tradiciones orales rescatadas, que cuentan que los seres humanos son hijos de los animales, no de los dioses, pues todo proviene de la naturaleza, y los animales eran anteriores a los hombres.

Por tanto, defendían que había hombres descendientes de los osos, otros de los lobos, algunos más de los bisontes, e incluso de las aves y los peces, o de cualquier otra bestia, y que eso se podía ver en el cuerpo y en el semblante de cada uno.

Más que del espíritu que todos y cada uno poseían, era el equilibrio cósmico el que hacía posible la existencia de todas las cosas y seres, así como de su permanencia y su reproducción.

Una planta sin equilibrio moría y desaparecía para siempre, pero con equilibrio duraba y crecía, aumentaba su tamaño, sus ramas y sus hojas.

Por supuesto, muchos hombres provenían de las plantas, y en algún tiempo también tuvieron hojas y hasta raíces, aunque ya caminaban sobre la tierra.

Vivir y convivir con la naturaleza, porque de ella venimos y a ella vamos.

EL SINCRETISMO INEVITABLE

Por su cercanía con las trece colonias inglesas, los algonquinos fueron rápidamente asimilados por los colonos, y muchos de ellos no tardaron en sumarse a las creencias católicas y cristianas, aunque no renunciaron a sus propias creencias, pero sí pensaban que unir la fe de unos con la fe de otros podía ser beneficioso para ambas partes en una especie de intercambio y de comercio espiritual.

El tabaco fue fundamental para lograr la unión entre colonos y nativos, así como una que otra unión sentimental entre las nativas y los recién llegados para afianzar las relaciones, como se hacía con otros pueblos.

Las mujeres algonquinas no tenían ningún problema en favorecer a los extraños de diversas maneras, e incluso eran ellas las que los pedían en matrimonio, algo impensable para la mentalidad occidental, y ellos los que debían pedir permiso a sus jefes y a sus religiones.

La más famosa de esas mujeres fue Pocahontas, que se unió sentimentalmente con tres extranjeros y un algonquino, y aunque murió a los 21 años, ayudó mucho a que entre los colonos y los algonquinos hubiera paz y equilibrio, y que la conquista no fuera tan salvaje como lo fue en el Oeste.

El mito y la realidad se unen, con seguidores y detractores del tema, unos porque siguen considerando a los nativos como animales domesticables de uso y disfrute, y otros porque entienden que no hubo equilibrio entre las partes, sino vil engaño, tanto en lo cultural y en lo moral como en lo económico.

La cosmogonía mítica y mágica de los algonquinos chocó frontalmente con los intereses y la codicia hipócrita de los hombres blancos.

"No debes fiarte ni de los dioses, aunque te hablen en sueños."

EL MUNDO DE LOS SUEÑOS Y LA TELA DE ARAÑA

Los algonquinos creían en el mundo de los sueños, en las señales y premoniciones que estos les anunciaban, aunque no siempre las interpretaban correctamente.

Soñaron con los recién llegados y sus industrias y adelantos, y se deslumbraron al conocerlos, pero no advirtieron que esa llegada los dejaría al margen y que casi acabaría con ellos.

El arte de atrapar los sueños.

En los sueños podían hablar con los muertos y los espíritus, además de ver el futuro y otros mundos más halagüeños, o más misteriosos y terribles.

También podían viajar al remoto pasado en sueños y ver a sus antiguos héroes.

Los famosos atrapasueños son creación algonquina, y con ellos atrapaban los buenos sueños para que se hicieran realidad, y los malos sueños y pesadillas para que se desvanecieran y alejaran de ellos todo peligro por venir.

La realidad a menudo era un sueño dulce, o una pesadilla, porque el mundo de los sueños y el de la vida diaria estaban unidos en una especie de tela de araña tejida por un ser extraño y huidizo, La Gran Araña o La Mujer Araña.

Esa tela podía atraparte y alejarte de la realidad, o robarte y mantenerte en el mundo de los sueños para siempre.

TODOS SON EXTRANJEROS

Solo los nativos de las tribus que hablaban algonquino eran sus verdaderos hermanos desde el principio de los tiempos, el resto eran fuereños.

Casarse con alguien de fuera no estaba prohibido, pero sí penado socialmente.

Si un hombre algonquino se casaba con una mujer extranjera, debía deshacerse de ella en cuanto pariera, porque el hijo sí era algonquino, como su padre, pero la mujer dejaba de tener valor en la aldea, y lo mejor era que se fuera, pues de ahí en adelante se le maltrataría y no sería aceptada por nadie ni como sirvienta. Su cometido había sido dar un miembro más a la tribu algonquina, y nada más.

Incluso en los matrimonios por alianza la mujer extranjera era repudiada después del primer hijo o hija, pero no se le exiliaba para no entrar en conflicto con el pueblo vecino del que provenía, simplemente se le ignoraba dentro de la tribu, sin importar si era la esposa de un guerrero o de un jefe.

La mujer que se casaba con un extranjero podía hacerlo sin problemas, pero sus descendientes eran hijos de la tribu, no de ella, y lo mejor, para evitar dramas y quejas, era que se fuera lejos con su marido, tanto si era un invasor como de alguna tribu que no hablara la lengua de los algonquinos.

Los algonquinos eran comerciantes y hacían tratos con todo el mundo, pero no aceptaban a los de fuera en sus estructuras internas, por lo que más de uno los ha llamado "los judíos de la Tierra Nueva".

¿Judíos algonquinos?

No ha faltado quien ve en los algonquinos a los descendientes o exiliados de Canaán, pues entre los cananeos también había gente morena, es decir, que los nativos de lo que hoy es el estado de Virginia en Norteamérica son cananeos y judíos de pura cepa, y para ello se apoyan en ciertas señales y símbolos de los tótems ojibwe, precisamente de la tribu de donde era originaria Pocahontas, y que por eso la muchacha ayudó a los extranjeros presos por su padre, como a John Smith, haciendo un verdadero engendro y enredo de familias antecesoras u originarias, y de leyendas de lo más dispares.

En la cosmogonía algonquina, aunque fueran bisnietos del oso y del coyote, se decía que ellos no eran de las tierras que pisaban y recorrían todos los días, sino que venían del otro lado del gran mar del este, algo que empata con la teoría del origen solutrense y en la posterior llegada de los antiguos vikingos que también eran aficionados a construir efigies sagradas de madera, es decir, tótems.

LOS TÓTEMS

"No somos de aquí, venimos del gran mar del este", decían los algonquinos, "y cada tótem es el relato de nuestro corazón, de nuestra sangre y de nuestra familia, unos tostados y otros de piel blanca".

Efectivamente, hay gente blanca en Norteamérica que tiene sangre o ADN algonquino, alguna de ella verdaderos famosos que no parecen tener ni lejanamente aspecto de nativo originario, de la misma manera que los algonquinos, hasta donde alcanza la historia y la memoria, no parecían ser nada vikingos ni descendientes de vikingos, aunque algunos de ellos eran verdaderamente altos y fuertes, pero no blancos y arios exactamente.

Tótem algonquino.

Tótems de todos los tamaños y colores los hay desde Groenlandia y por toda la frontera USA-Canadá de Este a Oeste, hasta llegar a Alaska, y de muy diversos aspectos y símbolos: con animales, dioses o caras humanas labradas en ellos que a veces cuentan una fábula o leyenda, y otras veces hablan de un árbol genealógico o familiar determinado.

Labrar en troncos símbolos mágicos o familiares en la antigüedad era algo habitual, tanto que hasta en Australia y Nueva Zelanda los nativos hicieron sus propios tótems a los que ellos, para diferenciarse, llaman "token".

LA VIDA Y LA MUERTE ALGONQUINAS

A diferencia de otras tribus más prácticas y menos emocionales, los algonquinos sí sufrían y pasaban una temporada de duelo y luto, pintándose el rostro de negro, llorando y vistiendo ropas sin color, tras la muerte de un ser querido o de alguien cercano, y si bien creían en una vida o existencia después de esta vida, no tenían idea de la reencarnación o de la elevación de las almas, por lo que enterraban a la persona difunta con enseres, comida y armas para que fuera feliz en el más allá, del que no iba a regresar, aunque a veces su fantasma lo hacía, sobre todo en los sueños de sus deudos, familiares, hijos, sobrinas y viudas.

También existía el rito de la empalizada, donde dejaban que el cuerpo se pudriera y se secara, sobre todo si la persona había muerto enferma, ahogada o mutilada, y luego se enterraban sus huesos.

Había baile y celebración tras la muerte, pero no de alegría como en otras tribus tras una buena vida, sino de tristeza, ausencia y pérdida.

LA SOCIEDAD DE LA MEDICINA

Cuentan las leyendas que entre los algonquinos había una sociedad secreta a la cual no todos estaban invitados ni pertenecían, pues para pertenecer a ella había que tener ciertos dones y cierta sabiduría, además de pasar el rito iniciático.

La sociedad se llamaba Midewiwin y celebraba cada

año al principio de la primavera su gran reunión, donde los aspirantes a hombre o mujer medicina esperaban cubrir los lugares de los socios que habían muerto durante el año pasado.

Muchos jefes de tribu pertenecían a la sociedad secreta, pero no era un requisito en especial ser jefe para ser admitido o admitida.

Si no sabían curar, fumar e interpretar las señales, visiones y sueños, no podían ser parte de la sociedad. No importaba que fueran caciques o cacicas, que tuvieran grandes tipis, valor en la guerra o muchas pieles en sus tiendas o caballos que montar, porque sin don no se podía pertenecer a la Sociedad de la Medicina. La lanza era buena, pero si no se sabía usar la pipa no se podía ser hombre o mujer medicina.

Inoca, un jefe de guerra, valiente y bravo, ganador de cien batallas, quería entrar en la Sociedad de la Medicina, pero no lo aceptaban a pesar de su poder y su rango, ni por temor a su ira ni por amor a su fama.

Intentó adivinar sueños, pero no acertaba.

Intentó hacer invocaciones, pero no conseguía nada.

Intentó hablar con los muertos, pero no hubo respuesta.

Buscó la protección de los espíritus, como cuando entraba en batalla, pero lo defendían mucho mejor el arco y la lanza.

Quiso curar, pero no curaba.

No había manera de despertar sus dones.

Tras una batalla con los hombres blancos, que ganó, Inoca conoció a un fraile blanco, de la orden de los jesuitas —Louis se llamaba—, y al verlo tan tranquilo a pesar de haber sido prendido tras la derrota, creyó ver en él algo de magia.

Inoca, disfrutando de sus dones.

—¿Sabes de magia?

—Como monje y soldado jesuita algo sé.

Inoca sintió el poder de su mirada.

—¿Y podrías, por tu vida, ayudarme a encontrar la mía?

—Por mi vida nada temo, pues confío en Jesús, pero sí, puedo ayudarte a encontrar el camino de la verdadera fe.

Entonces el monje Louis lo bautizó con agua bendita que llevaba colgada de su sayal en un frasco, y le puso las manos, bien frotadas y magnetizadas, sobre la coronilla en la cabeza, y en ese mismo instante Inoca sintió el golpe de fe y se sintió mágico y poderoso de pronto.

—¡Corre! —le gritó al monje—. ¡Porque estoy fuera de mí y puedo ensartarte con mi lanza! ¡Corre!

Y el monje corrió.

Días después, y sin decir nada porque era un secreto sagrado, se podía ver al guerrero Inoca muy contento, caminando por la aldea con la lanza en la mano izquierda y la pipa humeante en la boca y sostenida por la mano izquierda.

II
Manitú:
DIOSES, DEMONIOS
Y ESPÍRITUS DE LA NATURALEZA

Si entiendes lo que es
el Gran Espíritu,
lo has comprendido todo;
si no entiendes lo que es
el Gran Espíritu,
no has comprendido nada.
Proverbio apache

Si todo era y es sagrado para los nativos norteamericanos, prácticamente todo lo que existe, es y está, se pueda palpar y ver, o permanezca oculto a los sentidos, es un ser divino, incluso lo que se considera malo, que no es ningún demonio en realidad, sino un ser sagrado que se ocupa de hacer su trabajo.

¿Qué es el bien? Lo que produce paz y tranquilidad al cuerpo y al espíritu.

¿Qué es el mal? Lo que produce guerra e intranquilidad al cuerpo y al espíritu.

Sin embargo, para los nativos norteamericanos, sobre todo antes de conocer los vicios y las enfermedades del hombre blanco, es decir, verdaderos males, el bien podía producir mal, y el mal podía producir bien.

El bien y el mal eran antagonistas, pero a veces eran socios.

El bien podía ser laxo y negligente.

El mal podía ser activo y un buen maestro.

Por eso era que los dioses males o buenos a menudo iban tomados de la mano para completar al ser humano.

No había castigos ni premios por portarse mal o bien en esta vida, y la experiencia les decía que muchas veces a los que se portaban bien les iba mal y atraían las desgracias; mientras que a los que se portaban mal la vida los llenaba de ganancias y a veces hasta de fama.

Cada momento de la vida requería una respuesta acorde a los acontecimientos, por lo que no se podía ser cobarde ni misericordioso en la guerra, ni violento y cruel en la paz.

Además, cada acto de los dioses y de los demonios era una valiosa enseñanza para aprender a vivir y a sobrevivir incluso en las condiciones más adversas.

MANITÚ, ¿UN SOLO DIOS?

O el Gran Espíritu, no es apache ni navajo, aunque sí algo cheyenne o sioux, que lo heredaron de los algonquinos, unas tribus del Medio Oeste Norteamericano, como Wisconsin, y del sur de Canadá, en la zona de los Grandes Lagos, o Michigan.

Manitú no tiene cuerpo ni forma ni nombre, es espíritu puro, solo espíritu.

La idea del Gran Espíritu es la misma para casi todas las tribus nativas norteamericanas, y en algonquino (iroqués), tanto como en apache, quiere decir precisamente eso: Gran Espíritu, sin jerarquías celestiales, santos o vírgenes, como tampoco héroes celestiales, semidioses ni nada que se les parezca.

Generalmente el jefe de cada grupo o tribu lo era por su valor, fuerza, experiencia, sabiduría o capacidad de acción y decisión ante los problemas que se presentaban, pero no por su "divinidad".

El Gran Espíritu está en todo y en todas partes, pero tampoco es un animismo tradicional propiamente dicho, porque los seres, los animales y las cosas tienen su alma propia, pero el Espíritu está en ellos, y no ellos en el Espíritu, porque en cierta manera todo es el Gran Espíritu, tanto en lo pequeño como en lo más grande.

El Gran Espíritu, más que haber creado con sus poderes a todas las cosas y a los hombres, está en ellos, se manifiesta en ellos, pero no tiene elegidos ni favorece a unos y a otros no, porque sería tanto como favorecerse o desfavorecerse a sí mismo.

Por lo tanto, no hay creación propiamente dicha, sino manifestación espiritual en diversas formas.

Tampoco hay más muerte que la muerte física, porque el Espíritu permanece, lo mismo que sus manifestaciones grandes o pequeñas.

Los espíritus permanecen, los de los hombres con los hombres, los de las mujeres con las mujeres, las plantas con las plantas y los animales con los animales.

Todo tiene una fuerza espiritual, las cosas y los seres, incluso las máquinas o las piedras, el viento y la lluvia, el agua y los peces, los insectos y las serpientes, y hasta las uñas, el pelo y los dientes.

Todo está junto, aunque parezca separado, porque los espíritus de todas las cosas y todos los seres están y son el Gran Espíritu.

Los misioneros católicos intentaron sincretizar al Gran Espíritu asimilándolo con su idea de Dios, pero entre los apaches no lo lograron.

Con los algonquinos tuvieron más suerte, y algunos aceptaron que había algún parecido entre el dios de los misioneros y su Manitú, pero los apache ni siquiera lo tomaron en consideración, y mucho menos a Cristo, porque el Gran Espíritu no era algo o alguien que pudiera o quisiera tener hijos.

Hoy en día los pocos apaches que quedan aceptan a los católicos más que a los protestantes, pero no porque crean en lo que dicen, sino porque son buena gente que les facilitan ciertos trámites con el hombre blanco, y les ayudan con víveres y medicamentos.

El Gran Espíritu es y está en todos los seres y en todas las cosas, no es una entelequia que es, pero no está, ni un señor todopoderoso y tiránico con un hijo rebelde y consentido que hace mucho ruido, pero que en realidad no necesita nada porque es el hijo del jefe de su tribu, un privilegiado que dice que va a salvar a los que no tienen sus mismos privilegios, lo mismo que hace el hombre blanco cuando da su palabra y no la cumple para nada. Puras promesas falsas.

Como los esquimales, no es que los apaches hayan

sido naturalistas o ecologistas, es que vivían en cierta armonía con la naturaleza porque ese era su medio de vida y no por una ideología, como la de los cristianos o la de la buena gente blanca.

Manitú, descrito de una forma genérica y desde un punto de vista occidental y judeocristiano, es más un invento del hombre blanco y de las películas de vaqueros de Hollywood que un supuesto dios de los apache-navajo.

En resumen, Manitú, el Gran Espíritu y Wakan Tanka eran y no eran exactamente el mismo, y muchos de sus dioses no eran exactamente dioses sino seres vivos, palpables, cotidianos o fantásticos, pero muy lejos de los dioses europeos.

Se podría decir que eran animistas y supersticiosos, sobre todo desde la perspectiva occidental, pero en realidad su mundo espiritual no era exactamente mágico y fantasioso, sino muchas veces experiencia real, donde lo material y lo misterioso se juntaban para conformar la existencia de todo lo que había a su alrededor, el universo y el planeta.

Con excepción de Manitú y sus similares, el resto de dioses eran tan buenos como malos, o tan ángeles como demonios, siempre sagrados pero a menudo tramposos, crueles o traicioneros, tanto como amorosos y protectores en algunos casos; por ejemplo, la Madre Tierra o la Mujer del Cielo eran normalmente figuras bondadosas, pero eso no les impedía poner a prueba a los hombres y a las mujeres con toda clase de tentaciones o peligros para que mejoraran, aprendieran o incluso murieran en el intento.

EL WENDIGO

El Wendigo, proveniente de la cultura algonquina-iroquesa, es el demonio y monstruo más famoso de las mitologías de los nativos de Norteamérica, pero no era contrario a los grandes dioses como Manitú, el Sol, la Luna y similares, sino el portador del miedo y el exceso, a veces más para asustar a los niños y a los adolescentes que para amedrentar a los mayores.

El temible Wendigo.

Su aspecto era el de un ciervo horriblemente humanizado, alto, delgado, oscuro y torpe en su andar, pero terrible en su influencia hacia las criaturas débiles de carácter y fáciles de tentar y engañar.

Representaba la gula, la promiscuidad, el engaño de los sentidos y las emociones, el miedo, la codicia, el orgullo, la soberbia y los falsos sueños, en los que a menudo podía aparecer para desviar del camino a las buenas personas.

En su aspecto más vil y sucio era el padre del canibalismo, la crueldad sobre los débiles y el abuso excesivo.

Cuando no tenemos consciencia de la conciencia, es decir, de saber si lo que hacemos está bien o está mal, y a pesar de eso lo seguimos haciendo y justificando nuestros viles actos, es porque llevamos dentro un Wendigo que no nos deja apreciar lo sucio e indigno de nuestros actos, palabra de cheyenne.

Por supuesto, entre los blancos había mucho Wendigo suelto, pues faltaban a su palabra y a sus promesas, y en lugar de enmendar sus malos actos, insistían en seguir cometiéndolos, como los empresarios y los políticos —presidentes incluidos— que, no contentos con engañarlos y traicionarlos, los seguían robando y matando.

El Sol y la Luna

Dioses secundarios que tenían diferentes nombres en las distintas culturas, más de quinientos cada uno, pero siempre presentes e innegables, incluso en los territorios más norteños en donde la Luna siempre estaba presente, pero el Sol cada año brillaba varios meses por su ausencia.

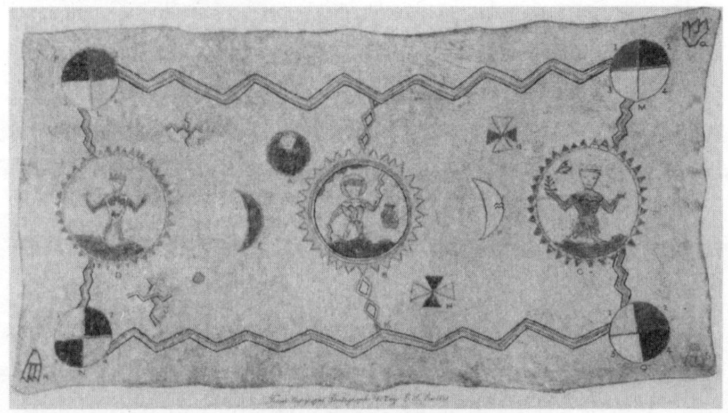

El Sol y la Luna apaches.

De una u otra manera, y a veces con los sexos o los géneros intercambiados, eran dioses creativos y creadores, no del universo, pero sí de la vida sobre la Tierra, y en algunas culturas y de forma intermedia, padres y madres de los seres humanos, porque las verdaderas abuelas eran La Madre Tierra o la Mujer del Cielo.

El Sol, como en muchas culturas de la antigüedad, era fuerza, calor, energía y vitalidad, que no variaba ni engañaba, aunque a veces su luz se opacara con las nubes o con la Luna.

Los eclipses no eran mala señal, como cuentan algunos, sino el momento en el que el Sol y la Luna copulaban, y de esa cópula nacían tanto espíritus de la noche como espíritus del día, y hasta animales, personas o cosas.

La Luna era más cambiante y a veces se escondía, pero cuando brillaba con fuerza era toda una alegría que acompañaba a los viajeros por las noches.

Los lobos, los coyotes y los perros le aullaban porque la adoraban, o porque le temían, o quizá también porque en ella habían tenido casa y la extrañaban.

La Madre Tierra y la Mujer del Cielo

Madre solo hay una, porque es la que da a luz y su acción es tan mágica y maravillosa como innegable, por lo que las abuelas de los seres humanos no podían ser más que mujeres sagradas.

El machismo europeo no anduvo nunca por los campos nativos de Norteamérica hasta que llegaron ellos, sorprendidos de que las mujeres nativas tuvieran voz y voto en las asambleas, fueran dueñas de los sembradíos, hablaran de frente a los hombres, escogieran libremente a su pareja o parejas, e incluso aprendieran el arte de la guerra, de la caza, de las armas y de montar a caballo, además de cocinar y tejer y cuidar de sus hijos, a los que enseñaban cómo debían afrontar la vida.

Su constitución social era matrilineal, y los hijos, además de suyos, eran también hijos de sus tíos y tías, y, por supuesto, de la comunidad.

"¿Cuántas madres tienes?", preguntó el fraile.

"Quizá cuatro, quizá veinte, quizá dos", respondió Cuervo Veloz.

EL CUERVO

Era apreciado por su inteligencia y se le consideraba sagrado porque quizá en los viejos tiempos había sido una persona, un hombre o una mujer, nunca un niño, pues su astucia y perversidad superaba las travesuras de los infantes.

La sabiduría del cuervo.

Su presencia podía ser señal de malas o de buenas noticias, o una advertencia para abrir los ojos y no dejarse engañar ni llevar por las apariencias.

"Donde hay un cuervo hay un robo", decían los chiricawas, porque lo consideraban un gran ladrón o un delator, pues el cuervo era capaz de hablar y de hacerse amigo, o enemigo, de ciertas personas.

También podía ser el alma de un muerto que así regresaba a la vida.

No pocos guerreros lo usaban como símbolo de astucia y fiereza, y su efigie aparece en un sinnúmero de tótems a lo largo del Norteamérica, Canadá y Alaska.

El alma del cuervo es un viento que atraviesa la vida.

EL COYOTE

Sung manitú es el nombre que los sioux le dan al coyote, más listo que los zorros y los lobos, pues es casi hombre, o lo fue del todo en algún tiempo, cuando sabía hablar en lugar de aullar y remaba contra la corriente en el río caudaloso.

Es el alma de los embaucadores, los bromistas, los burlones y los que usan la astucia en lugar de la fuerza bruta del cuerpo.

Tiene un gran sentido del humor, pero nunca hay que fiarse de su apariencia, pues de pronto puede ser bravo y morder con rabia.

La mirada del coyote.

Su mirada lo dice todo, y mientras más entrecierra los ojos, más está dispuesto a mentir o a atacar cuando nadie se lo espera, pero si los abre como platos seguro que te necesita, está triste, tiene dolor y hambre, o seguro que va a engañarte.

Forma parte de miles de leyendas y cuentos, tanto infantiles, de enseñanza o para que los adultos se mantengan alertas.

Puede ser tu amigo y ofrecerte muchas cosas, incluso traerte o compartir contigo su alimento, pero sus instintos de traición le superan y puede cambiar de parecer de un momento a otro, por tanto, si te trae comida, como un conejo muerto, come y aléjate tras comer, no vaya a ser que tú seas al final su verdadera comida.

Su piel es corta y poca, pero muy buena para coserla y tejerla, o para llevarla al cuello como una estola, lo que te protegerá de tramposos y de enfermedades de los dientes y la garganta.

Ayúdalo si lo quieres ayudar, pero nunca esperes que cambie.

El águila

Los comanches le llamaban *piajuhtzu* de forma reverencial, o *tuku* de manera más cercana, y la tenían en gran estima, junto con el halcón y el búho. Sus plumas eran muy valoradas en casi todo lo que hoy es el continente americano, junto con las plumas de muchas otras aves, pero las de águila eran fundamentales y necesarias.

El águila, además, era símbolo del espíritu que se eleva y llega más allá del cielo y las luminarias, por lo que es una estupenda guía tras la muerte, y una gran inspiradora para los artistas y artesanos, para los que cuentan historias y para los que curan los males del alma.

Era raro que un báculo de brujo o de bruja, de un cacique o de una cacica, no llevara colgando unas cuantas plumas de águila.

El águila sagrada.

Podían ser muy peligrosas, porque podían llevarse a los niños pequeños entre sus garras y devorarlos en sus nidos, como hacían con otras presas del mismo tamaño, pero también eran domesticables y nobles, y muy agradecidas cuando se les rescataba de un peligro o se les curaban algunas heridas.

Los búhos, sus hermanos, eran mucho más tranquilos y más sabios, pero referentes de la muerte o de la mala suerte, como hasta el día de hoy, y no porque ellos hicieran o atrajeran e mal, sino porque lo anunciaban.

El águila era el animal sagrado que hablaba, escuchaba y veía a los dioses, un mensajero entre hombres y divinidades, capaz de transmitir las señales mágicas a los brujos de la tribu, y así guiarlos en las decisiones que tenían que tomar y en las curaciones que tenían que llevar a cabo.

Tener el espíritu del águila instalado en el alma denotaba habilidades y dones extraordinarios, propios de los héroes que podían combatir contra todo y contra todos, hombres, monstruos, elementos, brujos, dioses o animales salvajes, así como de tener un alma viajera y aventurera, capaz de recorrer todo el mundo y conocer muchos pueblos y gente, pero que siempre volvía a su nido, con los suyos, para alimentarlos o para protegerlos.

El oso

Cuando los iroqueses hablan de su aspecto mágico y mítico le nombran *Ya-o-gah*, el Espíritu del Viento del Norte, el que trae los fríos y las lluvias heladas del invierno, indicando que es la hora de guarecerse.

El oso es señal de etapas de descanso y refugio entre el invierno y la primavera, pero también es el símbolo de la caza grande y de las cosechas, y de valor, estrategia y fiereza.

El espíritu del oso.

Se le relaciona con los hogares antiguos de las cuevas, los secretos de las entrañas de la tierra y la protección de las montañas, que también están vivas y tienen alma, porque ahí donde hay osos los vientos no son tan fieros ni desagradables, ni causan enfermedades de la garganta.

Lo que come el oso es saludable y da fuerza al organismo, como el salmón y otros peces de río y estanque.

Cuentan las leyendas que hubo seres que, antes de ser humanos, fueron osos, grandes y fuertes, sensibles y amorosos; o bien que eran algunos muertos o enamorados que no pudieron conseguir a su amor en vida, por lo que renacían en osos o entraban en sus cuerpos para intentar regresar a la vida y recuperar a su amor.

Los esquimales tienen varias leyendas al respecto, lo mismo que los iroqueses más norteños.

Muchos niños son pequeños osos, o muchos pequeños osos son el alma de las niñas y los niños, porque en las culturas nativas casi todo es de ida y vuelta, por eso también se dice que el humano tiene espíritu de oso, y el oso tiene espíritu de humano, lo que hace que osos y hombres sean hermanos.

Tener una piel de oso sobre los hombros es señal de fuerza, tanto como de buen apetito y firmeza.

El guerrero oso a nada ni a nadie le teme, y todo lo enfrenta, aunque con ello pueda perder la vida en este mundo, porque sabe que conservará su existencia más allá de la muerte tras la contienda.

Para los algonquinos, además de fuerza, el alma del oso es traviesa, juguetona y hasta algo ladrona, aunque sus estrategias no sean finas, pero sí certeras.

El lobo

Hay cientos —o quizá miles— de maneras de llamarle al lobo entre los nativos de las tierras de la actual Norteamérica, pero entre los iroqueses la forma más común era *kwaho*, pero esta podía cambiar si se hablaba del aullido, su cercanía o sus movimientos rituales o de caza.

El lobo era señal de independencia y de valentía, de libertad y de arrojo, de bravura y de capacidad de estrategia.

"Si quieres aprender a cazar, caza como los lobos", se instruía a los más jóvenes, siempre mejor en grupo y cercando a la presa que solo y en enfrentamiento directo.

En grupo era un animal peligroso, pero en soledad se le podía llegar a domesticar, como se hizo con tantos caninos durante miles de años, para sumarlos a la tribu y al arte de la caza y del transporte, como habían hecho las tribus más norteñas, como los esquimales.

El lobo, tan astuto y feroz como ingenuo.

Todo en él era sagrado.

Sus colmillos eran muy apreciados como talismanes de arrojo y protección, tanto por los guerreros como por los sembradores, pues en la naturaleza todo podía convertirse de pronto en un peligro contra el cual luchar.

Su aullido podía ser una clara señal de amenaza, tanto como un canto a la Luna o una llamada de atención, incluso una premonición o advertencia de la presencia de demonios o fantasmas.

Podía haber lobos malos y sanguinarios, como los mismos humanos, pero la mayoría eran nobles símbolo de sinceridad, e incluso de ingenuidad, siempre leales, nada traidores, muy diferentes a los zorros y a los coyotes.

Los lobos podían ser amorosos, cariñosos y hasta pudorosos, con reglas y disciplina entre sus líneas, muy maternales y paternales, y, por supuesto, protectores de su comunidad y de sus familias, sin dejar de ser valientes y aguerridos guerreros y aguzados cazadores.

El espíritu sagrado de los lobos era como el espíritu sagrado de los buenos humanos.

LA SERPIENTE

Los cheroquis le llamaban *Wa'tsi* a la serpiente común, pero a la serpiente sagrada le llamaban *Uktena*, y a su movimiento, *unaduana*.

Hay muchos tipos de serpientes en el mundo, y no pocos en Norteamérica, desde culebras coralillo hasta la víbora de cascabel, mortales ambas, sin contar con las pequeñas e inofensivas serpientes con las que jugaban los niños y las que usaban los hombres y mujeres medicina en sus remedios y en sus ritos.

Servían, además, para la cocina, la magia, la sanación, la brujería y la artesanía, siempre pródigas y milagrosas.

Uktena era una serpiente mítica, con cuernos y cascabel, y representaba las siete etapas de la vida, nacimiento, niñez, adolescencia, juventud, madurez, vejez y muerte.

La serpiente sagrada, *Uktena*

Los que saben dicen que *Uktena* es una gran serpiente como el tronco de un árbol, con cuernos sobre la cabeza y una cresta brillante como con una piedra clara en la frente, y sus escamas semejan chispas de fuego.

Dispone de anillos o manchas de color a lo largo de toda su longitud, no puede ser herida salvo en el séptimo anillo de su cabeza, donde está su corazón.

La piedra clara, *Ulun'suti*, es un tesoro de prosperidad y suerte para toda la tribu, y quien la encuentra recibe honores y protección para su gente, pues su luz brillante enceguece a quien se acerca, haciéndolo correr hacia a ella en lugar de escapar, lanzándole su aliento, que es tan pesado que ninguna criatura viviente puede sobrevivir en caso de inhalarlo.

Se puede tomar su piedra, pero no su piel ni su vida.

Hay que respetar a *Uktena* y no hacerle daño si se le encuentra, porque incluso dormida es causa de muerte, en este caso no para el cazador en sí mismo, sino para su familia, pues quedará impregnado con su veneno y lo contagiará a su gente.

Amada, pero temida, deseada, pero con olor a muerte, espiritual y preciosa en su alma, pero fatal por fuera, de una manera o de otra señala el final de los destinos, pues todo siempre se acaba cuando se muere.

Para matarla, según algunas leyendas, y quitarse así de encima la tentación de tenerla, cuentan las leyendas que los cheroquis le pidieron que lo hiciera el brujo o la cacica de la tribu vecina, con lo que no solo se librarían del influjo seductor de *Uktena*, sino de la competencia por los recursos con la tribu vecina, que moriría envenenada tras acabar con ella.

"*Uktena* en realidad no regala nada, porque lo que te da sin tu esfuerzo, te envenena."

EL PÁJARO DE FUEGO

Un ave mítica de grandes alas y cuerpo inmenso que se escondía tras las nubes y desde ellas lanzaba rayos y centellas, o azuzaba a los Cuatro Vientos para que pelearan entre ellos y formaran remolinos y torbellinos.

Podía ser un ave protectora, pero también devastadora.

Quien sabe hablar con él puede llegar a dominar las fuerzas de la naturaleza, pues él las comprende y abarca todas, desde las tormentas hasta los incendios, y desde las crecidas del mar o de los ríos hasta las más largas sequías.

El pájaro de fuego.

Con mover sus inmensas alas puede cambiarlo todo, traer el frío o traer el fuego, abrir los ojos a la sabiduría o deslumbrarlos con la ceguera de la ignorancia y la codicia, dar valor ante las catástrofes, o llenar el corazón de miedo y cobardía con su sola presencia.

El pájaro de fuego es más que poderoso, y hay que hacer lo posible para tenerlo contento, aunque no es nada fácil, pues es cambiante y puede pasar de la alegría y la protección a la ira y a la destrucción de todo. Es por eso que con él llegan las muertes y los renacimientos, porque todo vuelve a renacer bajo sus alas que moldean los ciclos de los cielos.

"No temas a la muerte, porque la muerte en realidad no existe y todo es un eterno renacimiento."

LAS BRUJAS Y LOS BRUJOS, HOMBRES Y MUJERES MEDICINA

Propios hombres o mujeres medicina de la tribu, o extranjeros, a menudo gobernaban pueblos o sometían voluntades, hacían magia negra contra los enemigos y magia blanca para su gente, pero debían de ser cautos, ya que en caso de caer en desgracia podían ser la carne del próximo banquete.

Ser jefe o dirigente no era fácil, tanto si se era brujo o no, porque imponer la propia voluntad estaba mal visto y en las asambleas tenían que rendir las cuentas y las decisiones de manera muy clara y sin trasgredir las leyes.

Hay que tener en cuenta que, en las asambleas, algunas veces con tono festivo y religioso o directas y expeditivas, tenían voz y voto todos los mayores de trece años, generalmente, ya fueran hombres o mujeres, y querer tiranizar la reunión o mantener una postura que fuera en contra de la asamblea podía costar el exilio o la muerte.

Ser médico brujo era un plus, pero no una garantía de impunidad ni de poder imponer la propia voluntad sobre los demás.

Águila Blanca, jefe y brujo a la vez.

Por supuesto, y como cuentan las leyendas, entre los humos de las pipas y las jícaras de mezcal, los brujos y las brujas se podían convertir en águilas, halcones, cuervos, lobos, zorros, coyotes, osos, serpientes y gatos salvajes, pero casi nunca en tortugas, aves menores o peces, y mucho menos en ratones, pavos o en conejos, pues corrían el peligro de convertirse en la cena de cualquiera.

Decidir sobre la guerra nunca podía ser una decisión personal del jefe o del brujo, por mucho que se lo hubiera aconsejado Manitú u otro gran espíritu, pues había que deliberarlo en la asamblea, fumando o sin fumar la pipa, bebiendo o sin beber peyote. La decisión tenía que ser conjunta, porque si ganaban un enfrentamiento, lo ganaban todos, y si lo perdían, lo perdían todos también, y conjuntamente debían asumir las consecuencias.

"Los espíritus hablan mucho y bien, pero no mueren ni tienen hambre ni dolor ni sed."

Los Cuatro Vientos

Aunque podía haber más, dependiendo de la tribu, pero cuatro eran los más comunes a la mayoría de los nativos de Norteamérica:

-El Tío Viento del Norte, amenazante y frío.

-El Tío Viento del Sur, cálido, seco y causante de enfermedades.

-El Tío del Este, refrescante y productivo, aunque punzante.

-El Tío del Oeste, templado y meditativo, renovador y cambiante.

Invocación y sacrificio a los Cuatro Vientos.

Todos ellos eran más que aire o nubes, lluvia o relámpagos, pues también eran seres vivos con comportamiento propio, maldades, bondades y caprichos; con los que se podía hablar y pedirles que trajeran lo bueno y se llevaran lo malo, haciendo incluso sacrificios de unas aves, o invocándolos y danzando en su honor.

Había héroes semidioses o semihumanos que podían pelear con ellos cuerpo a cuerpo, para romperlos y desviarlos, e incluso para destruirlos temporalmente de año en año y estación tras estación.

Cuando luchaban entre ellos, las nubes se ponían

negras, chocaban y producían tormentas terribles y poderosas, pero cuando se entendían las lluvias eran buenas y generosas.

También podían enfadarse entre ellos y darse la espalda, trayendo calor extremo y sequías duraderas, que terminaban cuando los Tíos volvían a hablarse.

A veces eran rebeldes y hoscos, y otras veces amables y tiernos, y no hacían caso de nadie, ni de héroes ni de brujos, pues solo obedecían al pájaro de fuego.

Estos son los animales, seres míticos y elementos más comunes entre los nativos norteamericanos, pero la lista, si no inacabable, sí es mucho más extensa dependiendo del entorno y las creencias ancestrales de cada tribu, e incluso de su lengua y de la manera de utilizarla, pues un ser mítico o natural podía variar de sentido, nombre y efecto dependiendo de sus movimientos, de si iba o venía, si subía o si bajaba, si estaba o no estaba, si era espiritual o de cuerpo entero, más que si era positivo y bueno, o negativo y malvado, porque la dualidad de comportamiento era habitual, y ni todo era positivo y bueno, ni nada era del todo negativo y malo, aunque casi todo sí era una experiencia de enseñanza y conocimiento.

IV
Mitos cheroqui

¡Qué fácil
es dar consejos!,
dijo Águila Blanca,
pues no es tu pellejo.
Lo difícil,
mi estimado Wakan Tanka,
es dar ejemplo.
Proverbio sioux

Los cheroqui nunca fueron un pueblo sucio y desarrapado como se cuenta en las películas de Hollywood, sino uno de los grupos nativos de Norteamérica más extenso y con casi un millón de habitantes diseminados por todo el territorio, desde Carolina del Norte y Carolina del Sur hasta Georgia y Alabama y otras regiones del Sureste, y una gran potencia lingüística, aunque no utilizaban la escritura a la forma occidental. Fueron considerados en su momento como una de las Cinco Naciones civilizadas de los pueblos originarios.

Su lengua, tan extensa en el pasado como escasa en el presente, tiene raíces iroquesas y yuto náhuatl, y hay extensos diccionarios que las recogen. Hoy solo la hablan unas dos mil personas y está en peligro de extinción, lo mismo que su cultura ancestral y sus mitos.

Durante casi dos siglos vivieron sin demasiados problemas con los colonos europeos, incluso progresaron y se modernizaron, llegando a explotar la tierra como no lo habían hecho nunca antes, y teniendo esclavos negros a su servicio.

Entre ellos nunca hubo esclavos nativos, entre otras razones porque en las colonias españolas estaba prohibida la esclavitud al considerar a los nativos ciudadanos hispanos, con los mismos derechos que los nacidos en la Península Ibérica, algo de lo que los africanos no gozaban, y mucho menos cuando las misiones españolas fueron reculando hacia Texas, Arizona, Nuevo México y California, dejando a los nativos y a los esclavos negros a su suerte frente al recién formado estado norteamericano.

Como nación y estado norteamericano, la anterior colonización europea hecha por ingleses, alemanes, holandeses, franceses y españoles parecía un juego de niños, ya que en el Estado en 1830 y bajo el mando del séptimo presidente, Andrew Jackson, prácticamente todos los nativos norteamericanos fueron removidos a la fuerza de sus territorios originales, y llevados a otras demarcaciones y proto reservas indias, perdiendo así sus propiedades, esclavos, terrenos y riquezas.

De ahí a no ser ciudadanos americanos, sino de las naciones indias internas, solo hubo un paso.

Los cheroquis no lo vieron venir, pues vivían en cierta armonía con sus vecinos blancos, a pesar de que en La Florida y con los franceses no se llevaran del todo bien, y tras perder a miles de personas de sus comunidades en el tristemente famoso Sendero de Lágrimas, tuvieron que adaptarse a las nuevas y crueles condiciones al menos para sobrevivir.

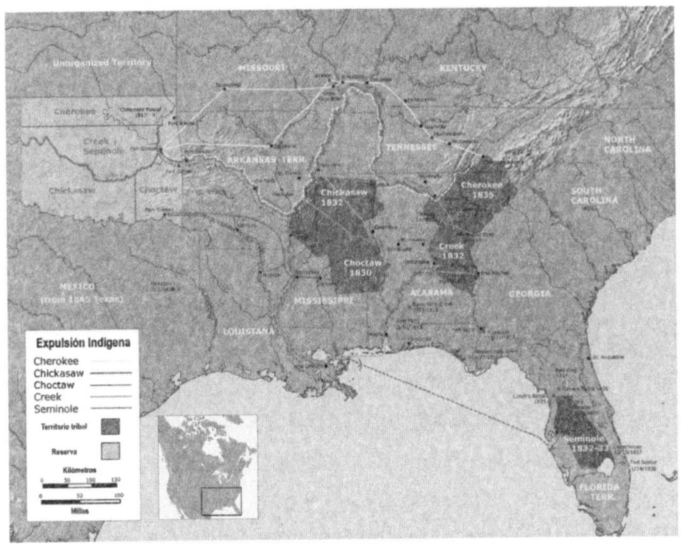

El mapa del Sendero de Lágrimas.

"América para los americanos", dictaba la Doctrina Monroe desde principios del siglo XIX, y poco a poco fue fraguándose en el ánimo de unos europeos recién llegados que de la noche a la mañana ya se sentían americanos de forma racista y clasista, menoscabando tanto a las tribus como a las naciones con las que habían competido en el pasado para quedarse con la mayor parte del territorio.

Aunque las tribus cheroqui no fueron las únicas movilizadas a la fuerza durante dos décadas, pues los franceses fueron arrinconados en La Florida y en

Canadá (junto a ingleses que no se independizaron del Rey Jorge III), los alemanes y sus sectas religiosas conservaron pequeños territorios en el Centro o huyeron al norte de México, mientras que los españoles, que hasta entonces ocupaban casi todo California, Arizona, Nuevo México y gran parte de Texas, fueron reculando y dejando el campo abierto a los nuevos y terribles norteamericanos que en realidad nunca habían aceptado a los nativos originarios de esas tierras.

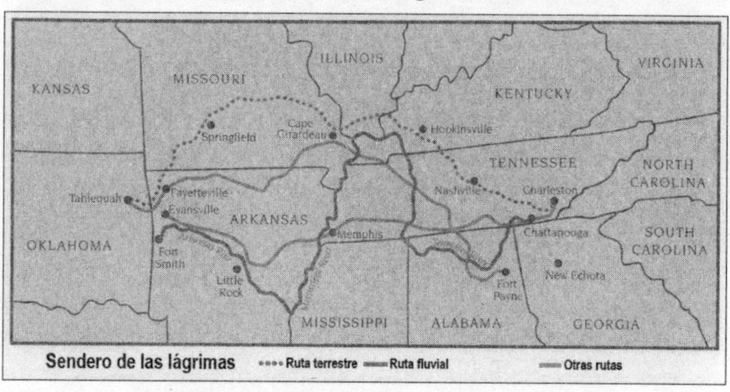

De traslado en traslado durante dos décadas.

Tras la Guerra Civil o de Recesión entre el norte y el sur de los nuevos Estados Unidos de Norteamérica, las culturas ancestrales de los pueblos nativos fueron masacradas, ridiculizadas y desprestigiadas hasta la mitad del siglo XX, tanto por el afán racista de los colonos, ahora ciudadanos norteamericanos, como por la nefasta propaganda de los medios de comunicación públicos y gubernamentales.

Ser “indio” era toda una desgracia, y mientras el catolicismo y las misiones españolas los recogían como indigentes en el Suroeste, los iroqueses medio se salvaban por su posición geográfica y la tolerancia canadiense, que tampoco era mucha, el resto de los nativos norteamericanos, incluidos los cheroquis, pasaron a ser casi nada, alcohólicos desheredados, salvajes sucios e ignorantes que creían en sandeces y no en el dios único y terrible de los blancos.

No eran hijos de ese dios, y, como decía la Biblia, había que eliminarlos incluso si se habían convertido al cristianismo, porque seguro que no eran sinceros ni se arrepentían de sus sórdidos pecados, como el dejar que sus mujeres hablaran de frente y mirando a los ojos a los hombres, escogieran marido y se divorciaran de él cuando lo creían conveniente.

El mal estaba e iba con los indios por todos lados, contaminándolo todo a su paso, y había que eliminarlo, un pretexto perfecto para robarles sus tierras, su oro, sus riquezas, su cultura y su pasado.

Daban mal ejemplo, y provocaban los matrimonios interraciales que manchaban de un extraño pecado original a sus descendientes.

Que un blanco se casara con una aborigen estaba mal visto, pero más o menos tolerado si alguna de las religiones daba el visto bueno.

Pero que una blanca se casara o tuviera relaciones sexuales y sentimentales con un nativo —algo que también pasaba— ni siquiera se mencionaba, y los contrayentes podían acabar muertos y tirados en cualquier lado.

Cuando triunfaban en los deportes eran aclamados por las multitudes, como los negros, pero en el día a día eran despreciados y en las olimpiadas no podían compartir estancia ni habitación con los deportistas blancos.

Los negros sufrían la misma discriminación, pero por lo menos tenían unos pequeños y breves derechos civiles y eran ciudadanos norteamericanos, privilegios que los nativos no tenían para nada, como en el caso de Jim Thorpe, medallista en las muy blancas olimpiadas de Suecia.

Jim Thorpe, el nativo atleta.

Thorpe era de ascendencia indígena americana, por parte de padre, e inmigrante católica y europea, por parte de madre, como tantos en la América del siglo XX. La diferencia radicaba en quién se sentía norteamericano de pura cepa a pesar de sus orígenes y obtenía los papeles necesarios del estado para serlo, y quién no, tanto si era nativo de las naciones internas o si pretendía seguir siendo inglés, francés o español.

Jim Thorpe fue criado en la nación Sac y Fox en Oklahoma, donde habían sido llevados a la fuerza los cheroquis casi un siglo antes, por lo que muchos lo toman como un héroe cheroqui.

Su verdadero nombre era Wa Tho Huk, traducido como "sendero de luz", al que tuvo que renunciar, junto a su nacionalidad nativa e interna gracias a la ascendencia materna, para llegar a lo más alto y conseguir sendas medallas en el olimpismo y títulos en el futbol americano, sin dejar por ello de ser alabado y a la vez criticado y maltratado socialmente por su aspecto, obviamente, poco blanco y más bien piel roja que ofendía a los supremacistas.

Algo similar le pasó a Jesse Owens, que ganó medallas de oro en los Juegos Olímpicos de Alemania frente a Hitler, amado por sus gestas, pero odiado y despreciado por ser claramente de ascendencia afri cana.

Durante mucho tiempo los nativos norteamericanos pensaron que los colonos europeos eran "peor que perros" por su mal comportamiento, pero con el tiempo los colonos blancos, ahora ciudadanos norteamericanos, no dudaron en llamar a los aborígenes "menos que perros", aunque se portaran bien. Los prejuicios, alimentados desde las iglesias y los gobiernos, no entienden de lógica ni tienen conciencia del mal y mucho menos del bien.

COSMOGONÍA CHEROQUI

La cosmogonía cheroqui pasa por ser una de las más imaginativas de los pueblos nativos norteamericanos, pues no había precisamente un Gran Espíritu sino el cosmos mismo, donde la fuente de toda la vida y todas las cosas era el Agua Sagrada vertida en lagos, ríos y mares, de ella provenía todo y tarde o temprano todo volvía a ella, la Gran Generadora.

El planeta Tierra era una gran isla que pendía del cielo por varias cuerdas, que podían ser cuatro, como las Cuatro Direcciones del Mundo, o miles, pues sostener a la pesada isla terráquea desde el cielo no era nada fácil.

Todos los seres y todas las cosas están conectadas e interconectadas, y se transmiten los bienes y los males de unos a otros, emitiendo señales positivas o negativas en todo caso, por tanto, si la gente está dolida y triste, los vientos, las montañas y los animales también lo estarán; si la gente siente ira y hambre, el cielo y las aves también sentirán ira y hambre; y si la gente está contenta, cantando, bailando y feliz, toda la naturaleza cantará y bailará de alegría con la gente.

Los seres humanos tienen el privilegio, y a veces el poder mágico o de la voluntad del alma, para mediar entre todos los seres de la creación y así mantener al mundo y al universo entero en equilibrio.

Los espíritus del devenir de los acontecimientos deben estar en sintonía con el espíritu de los hombres, los animales y las cosas, pues de no ser así el caos y las catástrofes son inminentes.

Si la Tierra canta, el cheroqui canta con ella.

El ser humano, porque piensa, ama, habla, canta, sueña, siente y ríe, tiene la responsabilidad ineludible de mantener todo en orden, paz, limpieza, equilibrio y bienestar, pues de otra manera y siendo irresponsables, el caos se apodera del mundo entero.

Los ritos, rezos y rituales son el camino sagrado para hablar con los espíritus y escuchar sus consejos, advertencias y sugerencias, pero a pesar de estas epifanías e iluminaciones místicas, los seres humanos son los que deben decidir y actuar, pues de ellos es la responsabilidad final y no de los espíritus, que guían, sí, pero no actúan ni deciden sobre el hacer de los hombres.

Los espíritus pueden influir y aconsejar, pero no pueden dar ejemplo con sus actos.

El Fuego Sagrado, o Pacto Divino, debe reavivarse cada ciclo, temporada o año, desde que los cheroquis recibieran el don de la Cerámica del Maíz Verde, con la que aprendieron a sembrar, cosechar y cocer el barro y los alimentos, por lo que deben dar gracias y seguir adelante cada nueva etapa de la Tierra y de su vida.

Cuentan las leyendas que, en contra de lo que creían los europeos, los cheroquis sí contaban con un Silabario, o unos símbolos que se pueden leer y entender como base de cada palabra de su lengua, aunque no unas frases completas al estilo occidental, sino sílabas que van construyendo palabras y sentidos a interpretar por los que saben leerlas y entenderlas.

El Nun'Yunu'Wi

El Nun'Yunu'Wi es un monstruo de las leyendas cheroqui que vive apartado en las montañas sin molestar a nadie y sin que nadie lo moleste, pero que, a veces, con la magia de la luna llena, o cuando tiene hambre, baja a los poblados, entra en los tipis y come lo que encuentra.

Los más bravos guerreros nada pueden contra él, pues es alto, fuerte, audaz y tiene una piel dura e impenetrable, por lo que ni el tomahawk, la lanza, las flechas o el cuchillo pueden hacerle daño, y su cabeza es tan pétrea y seca, que soporta sonriendo que le lancen rocas o piedras.

Los brujos y las brujas tampoco pueden hacer hechizos para ahuyentarle, pues el Nun'Yunu'Wi no cree en nada y los espíritus se le resbalan hasta los pies sin poder hacerle daño ni causarle temor o miedo.

Solo una cosa puede detenerle, descubrió el brujo de la tribu cheroqui: la mirada de una mujer que está menstruando, así que, la próxima vez que vieron al monstruo deambular por los bosques cercanos a la tribu, al parecer enfadado y muerto de hambre bajo la luz de la luna llena, colocaron a siete bravas mujeres que estaban menstruando a la entrada del camino que llegaba hasta el centro de los tipis, con la frente alta y los ojos bien abiertos.

El terrible Nun'Yunu'Wi.

El Nun'Yunu'Wi llegó al poblado lleno de hambre y de ira, seguro de que pronto saciaría todas sus hambres y deseos más viles, pero al llegar se topó con la mirada no de una, sino de siete bravas cheroquis que estaban menstruando, y no solo se detuvo y dio marcha atrás, sino que empezó a debilitarse y desvanecerse, hasta no quedar más que polvo de él sobre el camino, un montículo de polvo, arena y piedras pequeñas, que las mujeres no tardaron en barrer en todas direcciones para que no se volvieran a juntar y regresar a la vida al monstruo.

El bosque llevó la noticia a todo el territorio, había muerto un poderoso Nun'Yunu'Wi, por lo que los otros mundos que rondaban las montañas y las praderas no volvieron a aparecer por las tiendas de los cheroquis, ni aunque tuvieran hambre y fuera de noche.

V
MITOS CHEYENNE

Cuando no sepas qué decir,
no digas nada,
porque como buen cheyenne
debes ser leal
y hacer honor a tu palabra.
Proverbio cheyenne

Uno de los pueblos más difíciles de situar en el tiempo y en el mapa es sin duda el de los cheyenne, pues se movían mucho de un lugar a otro y adoptaban lenguas y costumbres por donde pasaban, por eso unos investigadores dicen que hablaban algonquino, otros iroqués y no faltan los que encuentran ciertas derivaciones yuto o proto náhuatl.

Curiosamente, este pueblo de pintores de piel, verdaderos artistas, con cantantes excelsos, instrumentos musicales que dominaban a la perfección, tanto propios como europeos, fue muy seguido y observado a partir de la llegada de los invasores blancos, tanto por su carácter libre y ameno como por sus excelentes dotes artesanales y artísticas.

Siempre pulcros, siempre dedicados, disciplinados, astutos, sabios, tanto, que daba la impresión de que sabían mucho más de lo que parecía, y que quizá en el pasado habían conocido pueblos más lejanos que los del continente americano.

Sin embargo, de su verdadero pasado se sabe muy poco, solo que durante un tiempo vivieron en el norte entre algonquinos, iroqueses y esquimales quizá, y que se trasladaron a las grandes llanuras o más al sur, como hicieron más tarde en los siglos XVII y XIX, por gusto u obligados por los invasores, pero poco más.

Los sioux les llamaban "gente de lengua extraña", aunque tal parece que gracias a ser más nómadas que sedentarios dominaban varias lenguas nativas, de la misma forma que aprendieron y dominaron las europeas.

Mujer cheyenne cantando al río.

ORGANIZACIÓN SOCIAL

Cuentan que los cheyennes no eran muy apegados a las cuestiones sociales ni materiales, y sin embargo eran muy disciplinados y organizados, tanto, que dividían sus contingentes en cheyennes de la derecha y cheyennes de la izquierda, así como en cheyennes del norte y cheyennes del sur.

La familia era importante, porque la familia era toda la comunidad, siendo todos parientes, hermanos, amigos y hasta amantes, porque eran muy enamorados y románticos.

La vida era reciprocidad en todos los terrenos, y la familia era el grupo de la misma manera que el grupo era la familia, y aunque no faltaban las relaciones de amor y de pareja, la responsabilidad para con el resto del grupo, mujeres, hombres, ancianos y niños se respetaba.

El amor sincero y el honor y veracidad de la palabra dada eran de lo más importante, por lo que se castigaba duramente a la hipocresía y a la mentira.

La responsabilidad era un valor elevado que se inculcaba a todos desde la más tierna infancia.

Se educaba a los niños tanto en los valores del grupo como en los conocimientos generales de la vida diaria, desde la siembra y la cosecha hasta la caza y la pesca, así como el conocimiento de hierbas y remedios naturales, y, por supuesto, del arte, la danza, la pintura, la música y el canto.

Cheyenne enseñando a pintar a un niño.

Sorprendía a los blancos que un pueblo tan bohemio y artista fuera a la vez tan estudioso y disciplinado.

Ser madre era un milagro, pero ser padre era asumir responsabilidades tanto afectivas como materiales con sus hijos y con su pareja, o madre de ellos.

Había libertad de unión y desunión, pero la verdad es que las parejas y sus familias duraban casi para siempre, y los divorcios o separaciones eran muy raros.

No había un solo jefe de todas las tribus cheyenne, sino que cada grupo, y a veces cada familia extensa, tenía su propia banda y su propio jefe.

Un jefe podía mandar y guiar, incluso liderar y enseñar a los demás, pero no imponer ni abusar, porque era su responsabilidad que en el grupo hubiera bienestar, abundancia, equilibrio y armonía.

Hay quien dice que debido a ello no eran muy buenos comerciantes, pues su ética les impedía pedir más de lo que pudieran necesitar o llevar consigo en los desplazamientos grupales que hacían por las llanuras.

De hecho, para los cheyennes el tener de más era un problema: "Hay que tener poco y bueno, lo demás sale sobrando".

Cosmogonía cheyenne

Los cheyenne no tenían un Manitú o Gran Espíritu creador de todas las cosas, seres humanos incluidos, pero sí tenían un Ma-Hote, o espíritu vital, que vibraba en absolutamente todos los seres y las cosa, y dependiendo de dicha vibración vital eran más o menos convenientes.

Las piedras vibraban, pues tenían el principio espiritual de Ma-Hote.

La tierra mojada y la tierra seca tenían el principio espiritual de Ma-Hote.

Los insectos más pequeños y las plantas y flores más humildes tenían el principio espiritual de Ma-Hote.

El aire cálido y el aire frío tenían el principio espiritual de Ma-Hote.

Los animales de tierra y las aves del cielo tenían el principio espiritual de Ma-Hote.

Las nubes blancas y las nubes negras de tormenta tenían el principio espiritual de Ma-Hote.

Las aguas de los lagos, ríos, mares y cascadas tenían el principio espiritual de Ma-Hote.

La piel pintada y la piel de los tambores tenían el principio espiritual de Ma-Hote.

Hasta todos y cada uno de los seres humanos, incluidos los blancos, tenían el principio espiritual de Ma-Hote.

No era cosa de magia y de simple animismo, como creían y creen los europeos, sino algo elemental y básico del mundo en que vivimos, palpable, visible y sensible, y que nos une a todos y a todo lo que vemos y lo que no vemos.

La Tierra y el cielo, cada cual con sus fenómenos y características, son fuente de vida perfectamente conectada y sincronizada, por más que parezca que están separados.

Para los cheyennes, hasta los Espíritus de las Cuatro direcciones del mundo, junto con los Espíritus de los Cuatro Vientos, son guías, enseñanzas, caminos abiertos y protección para quien sabe escucharlos y entenderlos.

Todos, absolutamente todos los seres visibles e invisibles, son sagrados y preciosos, pues todos y cada uno de ellos tiene su propio Ma-Hote, sea quien sea y se comporte como se comporte, y aunque a veces no sea nada agradable ni conveniente para mantener la armonía y el equilibrio de la vida en este mundo, que es espíritu en sí misma, pura existencia Ma-Hote.

La muerte también tiene su propio Ma-Hote, y no es el final de nada, sino una puerta que se abre tras el ciclo de la vida para dar paso a una nueva existencia, porque el ser, como el espíritu, nunca muere, simplemente hace un viaje maravilloso a otra región que desde aquí, desde esta vida, no podemos ver claramente.

Cheyennes, los grandes desconocidos

Se dice que si los cheyennes no se hubieran acercado ingenuamente al hombre blanco ya en el siglo XVII, quizá nunca se les hubiera conocido y podrían seguir viviendo en libertad lejos del hombre blanco, pero les dio curiosidad y fueron hasta el Fuerte Laramie para ver cómo eran y qué hacían esos seres de piel blanca y vestidos feos y estrafalarios, todos vestidos iguales, todos con armas y mal encarados, todos soldados.

Luego conocieron a otros colonos menos uniformados, y pensaron que no estaría mal conocerlos más a fondo, para saber cómo eran y cómo vibraban.

Al principio la experiencia no fue tan mala, aunque algunos de los seres de piel pálida vibraban muy mal, y aunque los cheyennes no tenían grandes tierras, cultivos de tabaco o de maíz ni minas que explotar, no fueron robados de inmediato.

Lo único que tenían era su arte y su forma de vida,

cabalgando y campeando por las grandes llanuras, sin padecer grandes conflictos con las otras tribus sino aprendiendo de ellas, como las de los sioux.

No fue hasta el siglo XIX que se les supuso estables en lo que hoy es Dakota del Sur, relacionándose con otros pueblos como los mandan, hidatsa y arikara, de los cuales siempre absorbían lengua y cultura.

Siempre con el tipi a punto de partir, en las grandes migraciones obligadas no fueron masacrados especialmente, pero la presión de otras tribus —como la ojibwa algonquina y la lakota sioux— les hizo ir hacia el Oeste, perdiendo lo poco que habían tenido de sedentarios.

Como iban por libre mientras las otras naciones libres eran masacradas y obligadas a ir hacia las reservas indias como las de Oklahoma, el gobierno norteamericano les "regaló" tierras en Colorado. Sin embargo, con las famosas fiebres del oro, los colonos, empresarios y mismo gobierno ocuparon las tierras que les habían concedido sin que a los cheyennes les importara demasiado.

Cuando los kiowa y los apaches entraron en guerra con los codiciosos blancos, los cheyennes apenas si participaron en los enfrentamientos, y no por gusto, sino porque a veces se encontraban entre dos fuegos o en medio de una que otra batalla.

Sabían pelear y usar armas, pero la guerra no les interesaba para nada, ni las tierras ni las minas ni las nuevas y modernas ciudades que se iban asentando al oeste de Norteamérica.

Pequeños grupos cheyennes deambularon por el

oeste americano durante varios años y hasta el siglo XX, sin hacer caso de gobiernos ni presiones de otros pueblos, pero muchos de ellos ante las carreteras, los coches, la modernidad y la degradación de los bosques con la perdida de caza, pesca y recolección, aceptaron ir a vivir a las reservas.

Hoy en día los cheyennes están divididos en dos naciones reconocidas federalmente por las autoridades norteamericanas: los cheyennes del norte en Montana y los cheyennes del sur en Oklahoma. Los cheyennes del norte de Montana viven en una reserva en el sureste de Montana, y los cheyennes del sur, junto con los arapahoe del sur, viven en el centro de Oklahoma, pero no faltan los que siguen escapándose y viviendo lejos de los blancos y de las otras tribus largas y buenas temporadas.

Cañón del Colorado, el patio de los cheyennes.

Por supuesto, tampoco faltan los cheyennes que se han sumado a la ciudadanía norteamericana y que viven y trabajan en las grandes ciudades, como la propia Denver en el estado de Colorado.

Muchos de ellos ni siquiera parecen pieles rojas y hasta tienen que exigir que se les reconozca como cheyennes, porque están muy orgullosos de su estirpe y no les agrada que los consideren gente blanca.

Su lengua sigue viva, pues la hablan todos los cheyennes, además de dominar y hablar con fluidez otros idiomas, como el inglés.

Los cheyennes se adaptan y asimilan a toda situación, pero sin perder su verdadera y original esencia.

Alma Grande

Cuentan que nació Alma Grande una joven tarde de la tercera estación, en un clima suave y templado del tercer ciclo del año.

Sus padres eran cheyennes trashumantes sin plumas, que iban de un lado para otro en su carromato, buscando lugares tranquilos para montar su tipi y pasar unos días relajados.

Muy pronto empezó a demostrar sus dones, convirtiéndose en la alegría de la familia, pues desde muy temprano aprendió a cantar, bailar y tocar el banjo, lo mismo que a contar y a leer y escribir la lengua de los blancos.

Se llevaba muy bien con los caballos, y hacía suertes con ellos cuando apenas tenía nueve años.

Sabía hablar con las piedras del camino, que le decían si

había gente cerca o animales peligrosos, o si el clima sería agradable o tenebroso.

"Las piedras te dicen cosas sin palabras, solo hay que saber escucharlas."

A veces soñaba con el futuro y avisaba a los demás del porvenir.

Conocía el poder y el valor de las hierbas, y a los doce años ya era capaz de curar varias dolencias con ellas.

Depende de por dónde anduvieran, asistía a una que otra escuela rural o de las montañas, y le gustaban los libros y escribir historias de todos los temas.

Un mal día, cuando estaba en una lejana escuela de las montañas, tuvo un feo presentimiento y corrió montaña abajo esperando llegar cuanto antes a su campamento, pero cuando llegó ya no había nadie, solo el destartalado carromato con una rueda rota, y sintió que el alma se le rompía en mil pedazos.

Desolado, echó a andar por la vera del río, y un poco más allá encontró a uno de los viejos caballos que tiraban del carromato. Montó en él, y siguió cabalgando sin más rumbo que el del río.

Comió algunas bayas, bebió agua fresca del río, y se quedó dormido sobre el viejo caballo.

Al despertar estaba en un pequeño valle lleno de caballos libres.

Habló con uno de ellos, pues su vieja montura parecía enferma y cansada.

Poco le queda de vida, le dijo el joven caballo, tendrás que seguir a pie.

Alma Grande le agradeció el interés, y tras comer algunas hojas tiernas, se despidió de los caballos.

Te llevaré hasta cerca del próximo poblado, le dijo el caballo, porque está muy lejos para ir andando, y ahí te dejaré.

Alma Grande se lo agradeció de corazón, montó a pelo y se fueron a galope rodeando el monte y la colina, y unas horas más tarde, cuando el pequeño poblado de la meseta se veía claramente, se despidió del caballo dándole las gracias por tercera vez.

Poco antes de entrar en el poblado, Alma Grande se topó con una compañía de artistas de rodeo y jaripeo que iba de pueblo en pueblo ofreciendo su espectáculo de indios y vaqueros, listos para cenar, y sin decir ni pedir nada, cogió un banjo que estaba en el suelo, lo afinó y comenzó a cantar un viejo son cheyenne.

Lo invitaron a gachas, agua colada y pan, y le dieron un par de pieles para que pasara la noche con ellos.

Al otro día, y sin pensar en cobrar, dio su primer espectáculo ante la gente del pueblo: lanzó el cuchillo, toco el banjo, cantó, tensó el arco y disparó con precisión, e hizo el deleite de todos saltando sobre un potro pinto.

Al grupo de artistas le sorprendió que supiera hacer tantas cosas, lo que daba un poco de envidia pero que también relajaba, pues recibían muchas monedas prácticamente sin hacer nada, pues Alma Grande se encargaba de casi todo el espectáculo, además de saber hablar inglés, algo de francés y alemán, y un poco de cheroqui y apache.

Un par de años después, cuando volvieron por los mismos rumbos, Alma Grande se despidió de la compañía llevándose consigo al potro pinto y las dos pieles que le servían para dormir como único pago.

"Toma unas monedas", le dijo algo avergonzado, pero no

del todo, el jefe de la compañía, "porque de mucho nos has servido y nunca has cobrado".

"Gracias", dijo Alma Grande tomando las monedas, "la verdad es que no las necesito, pues no sé qué hacer con ellas, pero ya aprenderé y me las guardo".

El jefe de la compañía sonrió satisfecho, pues con el salario de un día le pagaba a Alma Grande dos años de trabajo y su conciencia quedaba tranquila, tan tranquila como quien roba una sandía y se la zampa casi toda de un bocado sin repartirla con nadie.

Preguntando, preguntando, supo que las autoridades habían detenido a su familia y la habían llevado a una reserva en Colorado, y hacia allá fue.

La reserva daba pena, todo estaba sucio y había mucha basura; algunos nativos estaban ebrios, y las mujeres parecían haber engordado de mala manera, dejando a los niños a su aire jugando con porquerías y sin darles un buen baño.

Su familia, junto con otros cheyennes, guardaba la dignidad y las formas en cierta manera, pero no huía de ahí para seguir recorriendo el mundo.

Alma Grande se los pidió, pero no le hicieron caso, pues ahí, a pesar de todo, tenían comida mala, pero diaria, y unos señores y señoras, curas y monjas, que se encargaban de cuidarlos, curarlos con pastillas, hablarles y darles sermones los domingos diciendo que si se portaban bien y tenían fe en un tal Cristo, serían salvados y limpios de pecado; además, le dijo su padre, ahora, aunque pobre y seca, esta es nuestra tierra de manera oficial y con papeles, y el presidente del gobierno nos reconoce como nación, algo que hemos sido siempre, y hay que agradecerle con obediencia y sumisión.

Alma Grande quedó estupefacto.

¡No podía creerlo!

Con solo 16 años de edad intentó hacer una revolución en la reserva, y algunos jóvenes lo secundaron, pero la mayoría no quiso saber nada de despertar, liberaciones o volver al glorioso pasado donde eran personas y no ganado, y Alma Grande se sintió extraño con los suyos y bastante decepcionado.

No lo podía entender, pero tuvo que aceptar que las cosas eran como eran y no como él quería que fueran, y antes de que las autoridades norteamericanas lo prendieran por rijoso y rebelde, Alma Grande huyó de la reserva acompañado por unos cuantos muchachos y un anciano.

Nunca los encontraron, aunque algo los persiguieron, no demasiado, ni siquiera al anciano.

¿Qué fue de Alma Grande?

No se supo ni se sabe, porque, como dicen algunos, quizá se fue a otro mundo donde cupiera su alma, porque en este mundo sumiso un Alma Grande no cabe.

VI
Mitos comanche

Se nace para morir,
pues venimos de un mundo
para ir a otro,
así que nada hay que temer,
¡luchemos, luchemos, luchemos!
Canto comanche

En el sur de lo que ahora son los estados norteamericanos de Texas, Nuevo México, Arizona y parte de Luisiana, además de zonas de Colorado, Oklahoma, e incluso Kansas, los comanches vivieron conforme a su naturaleza nómada y guerrera, primero a pie y luego a caballo, pues tardaron en aprender el arte de domesticarlos y montarlos, pero, cuando lo dominaron, fueron de los mejores jinetes entre los blancos y los nativos norteamericanos.

Los comanches, que se llamaban a sí mismos *numunuu* (persona o ser humano), hablaban una lengua yuto náhuatl de la cual eran muy celosos, pues era la legendaria lengua de sus más lejanos antepasados y de muchos hermanos que habían ido más al sur para recorrer y conocer más territorios.

En el norte de lo que hoy es el mexicano estado de Chihuahua, aún pueden encontrarse algunos de sus descendientes que viven de espaldas a los gobiernos, pasando y traspasando fronteras, tanto por las zonas desérticas como por las zonas en las que antes perseguían a los venados.

Los que se quedaron en los Estados Unidos de Norteamérica tienen su sede "oficial y legal" en Lawton, Oklahoma, aunque algunos vagan libres en Arizona, Nuevo México y Texas.

Durante algún tiempo de finales del siglo XIX y principios del XX, cuando las autoridades veían a una persona con rasgos de nativo norteamericano, lo detenían, lo encarcelaban y finalmente lo mandaban a una reserva india, aunque no fuera la de su etnia.

SERVICIOS ESENCIALES

Los comanches, como otros nativos norteamericanos, carecen de servicios esenciales desde hace un par de siglos, ya que no cuentan con seguridad social y, en algunos casos, tampoco con electricidad ni agua corriente y mucho menos drenaje, y tampoco con servicio de recogida de basura.

Siguen siendo discriminados y rara vez tienen opción a alquilar una vivienda fuera de las reservas, o a tener un empleo regular y mal pagado.

Todo esto no les importaba a los comanches de los siglos XVII y XVIII, pues vivían al aire libre o en tipis fácilmente desmontables, nada de casas largas como los iroqueses ni ciudades de piedra, como los hopis, y casi no generaban desperdicios ni basura, porque todo lo aprovechaban; obtenían la luz de las fogatas y el agua de canales y ríos; y contaban con un persona, hombre o mujer medicina, que se encargaba de su salud.

Ya no tienen problemas legales para recorrer todo Norteamérica, pero si quieren tener un pasaporte e ir más lejos, tienen que pedir la nacionalidad norteamericana, lo que hasta hace muy poco significaba renunciar a su nacionalidad nativa, pero ya no es necesario, lo que es necesario es que demuestren que han nacido en USA, o por lo menos que uno de sus progenitores, padre o madre, lo hayan hecho.

Muchos carecen de acta de nacimiento oficial norteamericana.

Lo de tener papeles que les digan quiénes son y dónde han nacido les resulta entre cómico y desagradable, además de absurdo que no seas nadie si no lo dice un papel o una tarjeta de plástico.

La guerra

Los comanches son uno de los pueblos nativos que han sido más independientes y libres, también más belicosos, que no dudaron en hacerle la guerra a los hombres blancos cuando fueron convocados por Jerónimo. El problema es que ni ellos ni los otros nativos habían hecho nunca una guerra de verdad.

Pelearse con el pueblo vecino, saquear unos tipis o ser saqueados nunca fue una verdadera guerra genocida, pues el concepto de exterminar a algo o a alguien no estaba en su código de existencia.

Luchar sí estaba en su sangre, pero no matar a

mansalva como contaban las películas y series de televisión norteamericanas.

El prototipo de las películas americanas era el comanche.

El prototipo de nativo norteamericano que aparecía en esas series y películas era el comanche, aunque se tratara ficticiamente de apaches; los malos, además de todos los "indios", eran los shoshones y los pies negros, alguna vez un mohicano; y los más sumisos, los cheyennes; pero todos vestían más como comanches que como la gente de su etnia.

La sumisión, después de varias masacres y ataques publicitarios a su dignidad, fue obligada, y cortar cabelleras nunca fue suficiente para derrotar al enemigo blanco que contaba, además de con un ejército regular, con fuertes militares de caballería, armas modernas, estrategias de batalla, pertrechos y la inestimable colaboración de un reciente pueblo norteamericano blanco, racista, clasista, ladrón, traicionero y aprovechado de la desgracia ajena.

A pesar de ello, los comanches no son especialmente racistas con los extranjeros, simplemente los consideran animales de otro terreno, y generalmente suelen ignorarlos si no hay un enfrentamiento directo.

Muchos comanches y cheyennes hablaban, y hablan, un mejor inglés que los colonos alemanes, franceses u holandeses, y no ese inglés torpe y cortado que se les atribuye en las películas.

COSMOGONÍA COMANCHE

Hoy por hoy muchos de los comanches son cristianos protestantes, carismáticos, metodistas, pentecosteses y hasta católicos, a veces por comodidad y conveniencia, "a ver quién da más", o simplemente para que no los estén molestando, ya que durante algún tiempo del siglo XX para muchas gestiones con los hombres blancos se les preguntaba por su religión, y contestaban lo que se les daba la gana, a veces porque no habían oído hablar de otra religión que no fuera la católica o la cristiana, y otras veces para burlarse del interlocutor, de tal manera que algún comanche se había declarado judío, musulmán o hinduista sin saber ni de lejos en qué consistían esas religiones.

Tampoco tenían a un Gran Espíritu creador de todas las cosas, ni a un Espíritu interno y vital en todos los seres y las cosas.

El único ser más o menos importante era el Sol,

pero a pesar de ser elevado por su posición física con respecto a la Tierra, tampoco era el jefe de todas las cosas como piensan algunos investigadores sesgados, que no pueden aceptar que un pueblo sea ateo, gnóstico o por lo menos no creyente en jerarquías sagradas y supremas.

El Sol, *Tabee* en comanche, es creador y vitalizador, pero no de todo el universo, entre otras cosas porque los comanches no tenían ni idea de eso que nosotros llamamos universo, y su concepto de "todo" era bastante limitado y poco o nada trascendente para ellos.

Las estrellas, y eso que los europeos llaman Vía Láctea, eran en verdad hermosas y dignas de ser contempladas y tenían su poder de fascinación, porque quizá hace mucho tiempo habían vivido en una de ellas (incluso uno de sus últimos jefes se llamaba Milky Way (Vía Láctea), pero no eran más sagradas que las piedras de la Tierra.

Tenían ritos y rituales de caza, pesca o recolección, pero al ser poco o nada sembradores, la tierra fértil y la buena lluvia les traían sin cuidado hasta que se veían realmente apurados por falta de recursos.

El coyote era un personaje de sus cuentos y leyendas, y todo un maestro para las cuestiones prácticas de la vida, pero no era ningún dios para ellos.

Por supuesto, respetaban a la naturaleza y entendían que lo que había en ella era en cierto modo sagrado y respetable, pues de ella vivían y comían.

Curiosamente, con la llegada del hombre blanco y los misioneros, el coyote y sus cuentos y leyendas se convirtieron en algo más moralista que práctico para la vida diaria.

El coyote era sagrado, pero quizá sea el caballo, al que conocieron y dominaron hasta el siglo XVII o XVIII, el animal más querido y sagrado de los comanches, aunque igualmente se lo comían cuando se hacía viejo, se enfermaba o accidentaba, o simplemente cuando apretaba el hambre y el caballo era la única carne disponible.

Pira funeraria a punto de ser encendida.

A veces se les ha acusado de sanguinarios y hasta de caníbales, como a los mexicas o "aztecas", con los que comparten parte del idioma náhuatl, pero en realidad, aunque no tenían un respeto especial por la vida, el acto de matar les parecía inútil cuando no era estrictamente necesario, porque de cualquier manera todo lo vivo muere.

"Nadie tiene la vida comprada".

Respetaban a sus jefes y a sus hombres y mujeres medicina siempre que no fallaran, porque si fallaban simplemente dejaban de seguirlos y de hacerles caso.

La muerte para ellos no era más que un paso más, y los fantasmas algo de lo más cotidiano a los que no temían para nada, porque normalmente eran abuelos y familiares de la misma etnia.

Enterraban o cremaban a sus muertos, y hacían ceremonias de despedida para que tuvieran un buen viaje y mejor próxima existencia.

Eso sí, creían que ellos mismos venían de otra parte, de otro mundo, de un lugar mítico, casi como el Aztlán de los mexicas, y que su pasado y sus muy lejanos ancestros habían sido de verdad gloriosos, o que habían sido creados a patadas por un coyote, ya que antes eran bolas de barro que habían caído a la Tierra de algún lado, y que el coyote las pateaba sin esperar el resultado, cuando de una de las bolas de barro pateadas emergió un hombre, quizá el primero.

Otra leyenda cuenta que el coyote no creó nada, sino que tuvo relaciones sexuales con una mujer malhumorada que mataba a sus amantes después del acto, tanto y de tal manera, que había acabado con los hombres de tribus enteras.

Entonces el coyote, que en aquel entonces tenía manos y piernas, se puso una máscara de hombre y la cortejó.

La mujer, malhumorada y todo, lo aceptó e hizo el amor con él pensando en decapitarlo al final del acto sexual, pero en lugar de decapitarlo solo le arrancó la máscara, y quedó tan impresionada pensando que el coyote era un ser sagrado, que se humilló ante él y volvió a hacerle el amor varias veces, hasta quedar preñada, dando lugar al nacimiento de muchos hombres con sangre de coyote que volvieron a poblar las tribus.

SOCIALMENTE

Los comanches, o kumatzin (los que siempre quieren pelea) como les llamaban sus vecinos los utes, no eran muy sociables en general, y con los extranjeros menos, pero tuvieron la suerte de ser invadidos más por los españoles que por cualquier otro europeo, que les enseñaron lo que pudieron, como la doma y monta del caballo, pero que no les obligaron a hablar en español ni los martirizaron con el catolicismo, entre otras cosas porque no tuvieron tiempo, y porque los comanches eran poco receptivos.

Serios y enjutos, tanto ellos como ellas, y los niños poco afables, aunque muy traviesos, se reservaban la sociabilidad para ellos y los suyos, sobre todo en las fiestas donde se divertían casi desenfrenadamente.

No es de extrañar que el vino español les gustara sobremanera, pero, curiosamente, el alcoholismo no les hizo la misma mella que a los apaches, por ejemplo, pues hoy en día, aunque diezmados, son más de 17.000 y no tienen tendencia a desaparecer del mapa terráqueo.

Su consiga y disciplina era la lucha, tanto como batalla o como disposición ante la vida, y no importaba quién fuera el enemigo, si un oso, una serpiente, un puma o un ser humano, y se les enseñaba a todos, hombres y mujeres, desde muy temprana edad, para que supieran pelear, cazar, pescar y hacer frente a las adversidades de la vida.

Jefe comanche Vía Láctea.

Normalmente se casaban entre ellos y ellas (poliginia), la familia era el grupo y viceversa, y no porque despreciaran a los demás, sino porque su forma de ser y de amar era poco compatible con otros pueblos, ya fueran blancos y europeos o nativos norteamericanos; por eso, y a diferencia de los cheyennes, la mayoría de sus descendientes son netamente comanches.

Los terribles shoshones comparten algo de su origen como tribu con los comanches, así como su manera de ser y de comportarse.

A pesar de sus gestos adustos y de su apariencia dura y hosca, comerciaban o intercambiaban de todo con todo el mundo, incluso llegaron a comprar, o a capturar, a personas de cualquier etnia, color y rango, para venderlos después como esclavos (por más que se lo prohibieran los españoles), pero nunca para quedárselos para ellos, porque comían o lloraban y eran muy molestos.

Tenían sus rancherías y sus bandas, pero el nomadismo les podía, sobre todo porque sembraban poco y las pasturas para sus caballos y el maíz bronco para sus comidas no eran eternos y había que buscar siempre otras fuentes de aprovisionamiento.

Críticos, astutos y burlones, pero siempre listos a poner el gesto agrio y serio, los comanches se sentían como verdaderos coyotes que sacan siempre el mejor partido de todas las cosas y de toda la gente, y es por eso que aprendieron todos los vicios y defectos de los blancos, como el feo acto de la codicia y a enriquecerse materialmente, tanto que hasta dejaban herencia.

Los cuentos del coyote

Llegó el coyote manco a la aldea comanche y se sentó frente a la fogata donde estaba reunida toda la gente a la espera de sus leyendas, como cada víspera de luna llena.

Cuentos bajo la luna llena.

Hoy les voy a contar, dijo el coyote, un cuento jicarilla que encierra una gran enseñanza:

"El burrito está contento y la burra está enojada, ¡y ahí se acabó la manada!"

Nadie pestañeó siquiera, se quedaron mudos tras el cuento, hasta que un niño levantó la mano y reclamó:

"No se entiende nada", dijo frunciendo el ceño, "no se aprende nada con ese cuento".

"Hay que poner atención", contestó el coyote, "pero lo explicaré, aunque nunca se debe explicar de más, pues entonces las cabezas no piensan ni entienden.

La enseñanza es que, cuando una persona está enojada, y sobre todo si es una mujer, no hay que restregarle nuestra propia alegría en la cara, sino ser comprensivos y acompañarla en su mal humor, dolor o desesperanza.

Mostrarse feliz cuando la otra persona sufre es una grosería que puede pagarse muy caro, pues despierta la envidia y alimenta la venganza".

"Ahora lo entiendo, creo", dijo el niño, "pero nos podría contar otro cuento un poco más largo, porque la noche es joven y escuchar sus historias nos encanta".

"Está bien", sonrió el coyote, "ahora les contaré el viejo cuento de la gallina con garras y el coyote".

Todos aplaudieron sus propias piernas y de inmediato pusieron mucha atención, guardando silencio sepulcral ante las sombras que producía el fuego de la fogata central.

Resulta, comenzó el coyote, que mi hermano menor, el coyote corto, o el coyote enano como le dicen algunos malvados, una tarde de hambre vio deambular a una gallina alrededor de un árbol, picoteando en el suelo para ver si encontraba algo.

Coyote corto se le acercó poco a poco, con mucho sigilo, pero pisó una ramita seca que al romperse hizo ruido y alertó a la gallina, que ni tonta ni perezosa alzó su típico vuelo desmarañado y trepó a una rama alta del árbol enhiesto.

Coyote corto saltó y saltó, pero no alcanzaba a la gallina.

—¡Baja, cobarde! —la provocaba, pero la gallina ni se movía de lo aterrada que estaba, y así, muerta de miedo,

vació sin querer el estómago sobre la cara de coyote corto, y era tan ácida su deposición por la bilis del miedo, que dejó ciego y asqueado por unos momentos a coyote corto, que tropezando con todo fue hacia donde se escuchaba el murmullo del arroyo.

Ahí se lavó la cara y se restregó los ojos, bastante irritados y con la vista borrosa, pero loco de ira contra la gallina, a la que creyó ver encima de la rama todavía y hacia allá corrió, gritándole toda clase de insultos.

—¡Cobarde, sucia, maldita, desgraciada, te voy a sacar las tripas, mala voladora, esperpento, cochina, te voy a arrancar el alma!

Entre muchas otras cosas más groseras y desagradables.

Cuando llegó al pie del árbol, con las fauces abiertas y llenas de espuma, pero todavía viendo borroso, le extraño entrever que la gallina se erguía y se lanzaba en contra de él, tomándolo por el lomo con sus patas.

¡¿Cómo era eso posible?!

Pues muy sencillo, porque no era la gallina que había perseguido, sino un águila que acababa de posarse en la misma rama.

Coyote corto quedó muy mal herido, pero tuvo la suerte de no morir porque el águila, muerta de risa, lo soltó al escuchar al pobre de mi hermano seguir insultándola como si le hablara a una gallina.

—¡Suéltame maldita gallina clueca, vieja y fea, suéltame, pues ya no te voy a comer! ¡No seas mala, gallinita, suéltame, suéltame, suéltame!

El golpe de la caída fue tremendo, tanto, que aún lo estamos curando, pero no con caldo de gallina, porque le da miedo y asco solo de escucharlo.

La enseñanza es simple: "abre bien los ojos y procura no confundir a tu enemigo en la batalla, pues en ello te va la vida".

Coyote corto y la "gallina con garras".

Todos rieron, aplaudieron y asintieron, demandando a gritos otra historia, prometiendo darle al coyote manco todo lo que se le antojara.

Muy bien, dijo el coyote manco, ahora les contaré una historia dc amor.

¿Qué es el amor?, preguntó una niña que empezaba a sentir algo en el alma, y en el cuerpo también.

El amor es una de las cosas más raras, misteriosas y enigmáticas, dijo el coyote manco, tan dulce y hermoso como la miel del oso negro, y a la vez tan amargo y venenoso como la hiel de una serpiente, en fin, algo que apetece porque da la vida, a pesar de que también puede dar la más dolorosa de las muertes.

¡Cuenta, cuenta, cuenta!, gritaron todos, y el coyote manco contó:

Coyote largo, mi hermano mayor, como todo comanche se ha casado varias veces y ha tenido muchos hijos, hijas y esposas, pero nunca ha sentido ni tenido amor, verdadero amor, por lo menos hasta hace unos meses que conoció a Alita Pinta, una comanche limpia y hermosa, trabajadora como nadie y excelente cazadora, pues no hay serpiente ni conejo que se le escape.

Nadie lava las pieles ni las mantas como Alita.

Nadie cocina y cose como Alita.

Los dientes le brillan de lo blancos que son.

Su voz es cantarina y amable.

Toca la guitarra esa que han traído los españoles y canta canciones de amor en tres lenguas por lo menos.

Tiene el mejor tipi de la aldea, y hasta los monjes y los frailes de las misiones quieren casarla con su dios.

Solo hay un problema...

¡¿Cuál problema, qué problema?!, gritaban las mujeres y algunos hombres.

Pues que ella es mujer entre los cheyennes, y él un animal, un coyote más que los cheyennes no consideran para nada como esposo de una de sus mujeres, y mucho menos de Alita Pinta, que tiene tantos pretendientes.

Pero mi hermano mayor, coyote largo, no perdió las esperanzas a la primera, ni a la segunda, ni a la tercera.

Pensó y pensó, y decidió hablarle francamente a Alita Pinta de sus sentimientos, dispuesto a dejarlo todo para estar con ella, olvidándose de sus esposas y de sus hijos para dedicarse a ella y solo a ella, prometiéndole engañar y engatusar, aprovechar y defraudar, a todo y a todos cuan-

tos se encontraran a su paso para robarles comida, joyas, pieles y hasta el sucio dinero de los blancos, para tenerla como a una cacica, una princesa, una monarca, consentida, amada y protegida que solo tenía que pedir para que él se lo cumpliera.

Y así lo hizo.

Lo malo es que Alita Pinta no le entendió ni media palabra, porque no habla ni entiende la lengua de los coyotes, como sí la entienden ustedes.

Lo peor es que, sin entenderle, se lo quedó en su aldea, y lo trata como a un pobre perro sumiso y cobarde, obligándole a hacer tareas indignas o mantenerse quieto como una piel muerta ante la puerta de su tipi, con lo valiente, independiente y rebelde que coyote largo siempre ha sido.

¡Da lástima de verlo tan pusilánime y acobardado cada vez que Alita Pinta alza la voz!

Para remate y desdoro de coyote largo, por fin Alita Pinta se casó con un guerrero cheyenne, al que coyote largo odia con toda el alma, pero al cual no puede morder ni de broma, ni siquiera enseñarle los dientes, porque sabe que Alita Pinta lo mataría, lo molería a palos o, lo peor de lo peor de lo peor, lo echaría de su lado para siempre jamás, y eso no podría soportar mi hermano.

Y ahí sigue, muerto en vida de amor, e incapaz de ser su propio amo.

Medio pueblo lloraba y la otra mitad profería insultos contra Alita Pinta por no corresponder a tan entregado amor.

¡Qué nadie sufra o se alarme!, dijo el coyote manco con potente voz, porque el amor entre comanches nunca es cosa de solo dos, sino de la familia entera.

La cultura comanche, como la de tantos pueblos nativos de lo que hoy es Norteamérica, era y es muy distinta a la de los caras pálidas que han tardado casi tres siglos en darse cuenta de su riqueza, pero nunca es tarde para entender y rectificar el camino, si la dicha es buena.

VII
Mitos, cuentos y leyendas de diversos pueblos nativos norteamericanos

No hay nada
más poderoso
que las palabras,
ni nada más verdadero
que las más fantásticas
leyendas.
Jack London

La tradición oral de los pueblos nativos norteamericanos es tan extensa que daría para escribir muchos libros, pues cada tribu y grupo humano tenía las suyas propias, además de las compartidas con otros pueblos.

Algunas de ellas recorrieron, con el paso de los años, de este a oeste y de norte a sur todo lo que hoy en día es USA, Canadá y Alaska; y otras muchas, aunque no lo parezca, están basadas en hechos reales y en experiencias humanas y personales que se contaban a la luz de las fogatas y las estrellas.

Unas tenían enseñanzas prácticas o morales, otras eran solo anécdotas, y no faltaban las que fueron provocadas por los humos de las pipas y los zumos de los hongos y los cactus.

Hay leyendas antiquísimas que se pierden en la lejanía del tiempo, y otras que nacieron con la llegada de los europeos, e incluso algunas mucho más modernas donde se mezcla la fantasía con el reclamo y la lucha diaria de nuestros tiempos.

LA LEYENDA DE NANABOZHOO

Nanabozhoo nació de la unión del Padre Viento y una mujer del pueblo algonquino de ojibwa, hace muchos soles, quizá demasiados, por eso tiene cuerpo de hombre y alas de aire que lo llevan a todos lados y que lo elevan por encima de las nubes y los astros.

Fue un adolescente pícaro y travieso, incluso un poco tramposo, que les gastaba bromas a sus compañeros.

A simple vista no era diferente a los demás, porque le daba hambre, y se dolía cuando sufría un golpe o herida.

Ni él mismo sabía que tenía poderes hasta que un día se dio cuenta de que podía hablar con las plantas y los animales, y que los demás no podían hacerlo.

Se divertía mucho hablando con el cuervo, que casi hablaba como los hombres, y a veces discutía con la tortuga, que era sabia y lo ponía a prueba.

—¿De qué te sirven tus poderes si no haces buen uso de ellos?

Le cuestionaba, y él se enfadaba al no saber responder para qué podía volar y hablar con los animales.

—No sufras, el tiempo te lo dirá.

—¿Quién es el tiempo?

—Ese que pasa más ligero que el aire y te convierte en un viejo.

—No lo conozco ni hablo con él.

—Ya lo conocerás.

Intentando hablar con el tiempo, lanzando su voz al aire, logró hablar con los espíritus, unos malos y otros buenos, que lo ayudaban en sus peripecias.

Por eso se dice que era un tramposo, un intrigante, que con su astucia y descaro podía engañar y manipular a todo el mundo con la asistencia y ayuda de las fuerzas espirituales.

Una de sus leyendas cuenta cómo Nanabozhoo engañó a los animales del bosque durante una gran hambruna para que le trajeran alimentos para él y su familia.

Otra cuenta cómo castigó al bisonte colocándole una joroba en la parte trasera, y a los zorros condenándolos a vivir en los fríos suelos por haber destruido los nidos de los pájaros azulejos que tanto amaba.

Así pasó buena parte de su juventud, pero el tiempo, con el que no podía hablar, un buen día lo convirtió en un adulto con responsabilidades, y sin usar palabras le dijo que era hora de cuidar de su comunidad, pues se acercaban catástrofes sobre su pueblo.

El Viento del Oeste, que bien podía ser su tío, un día apareció tirando árboles y tipis, arrojando polvo y piedras y llevándose a los animales para comérselos y dejar con hambre a toda la comunidad, que estaba aterrorizada.

Nanabozhoo desplegó sus alas, tomó una piedra dura y grande y se la estampó en la cara del Viento del Oeste, haciéndolo retroceder más allá de los Grandes Lagos, quitándole toda la fuerza y rescatando a los animales.

Ya consciente de su misión, también retuvo a su otro tío, el Viento del Norte, que amenazaba a su pueblo con matarlo de frío; y al Viendo del Sur, que secaba las aguas y mataba de calor; y al Viento del Este, que provocaba terribles remolinos que arrasaban con todo.

Nanabozhoo, contra el Viento del Oeste.

Cuando todo ya parecía tranquilo, los Cuatro Vientos se juntaron y atacaron por varios frentes al poblado, elevando los ríos y los lagos, dejando caer una terrible tormenta.

Todo parecía perdido, pero entonces Nanabozhoo hizo un esfuerzo infinito y contuvo la Gran Inundación con sus alas y sus gritos, hasta quedar exhausto del todo, tanto, que se difuminó con el aire como se difuminan las nubes que amenazaban con ser tormenta y al final dejan paso al azul del cielo y a los rayos del sol.

La leyenda de Nanabozhoo sigue viva en las tierras de los Grandes Lagos, pues está inmersa en sus aguas y en sus vientos, como señal de vida y protección.

CANTO ALGONQUINO

Nadie supo si murió
el héroe Nanabozhoo,
si se fue
o simplemente si desapareció,
pero muchos cuentan
que siguió haciendo proezas
en muchos otros pueblos,
por lo que su fama creció y algunos brujos,
siempre aviesos,
se aprovecharon de su nombre
para vivir mejor.

Cuentan que Nanabozhoo
se venga de los aprovechados
mandándoles todo tipo de enfermedades
relacionadas con el viento,
como sucede hasta el día de hoy.

Por tanto,
no uses en vano y para tu provecho
el nombre de Nanabozhoo.

LA LEYENDA DE POCAHONTAS

Hay muchas leyendas sobre Matoaka Pocahontas, o Matoaka la traviesa, pero al parecer todas ellas están basadas en una historia real, la de una muchacha algonquina que acabó muriendo en Inglaterra a los 21 años después de dos o tres matrimonios y dejando una sólida descendencia.

Wahunsenaca, el padre de Pocahontas.

Matoaka, apodada Pocahontas por su carácter jovial, desenfadado y muy activo, nació en el año 1595 en la tribu powhatan en lo que ahora es el estado de Virginia, hacia el noreste de Norteamérica, justo por debajo de las trece colonias de europeos que se estaba conformando en ese momento.

Su padre, Wahunsenaca, era un jefe o príncipe powhatan algonquino, que administraba alrededor de 30 tribus en una especie de liga o federación parecida a la iroquesa, y que estaba casado con una mujer no algonquina, Nonoma Winanuske Matatiske, tercera o cuarta esposa, a la que repudió en cuanto dio a luz a Pocahontas, como era costumbre entre los algonquinos que se casaban con gente no algonquina: "el hijo se queda, el padre o la madre se va."

También se cuenta que la madre de Pocahontas no fue repudiada ni desterrada, sino simplemente que murió al dar a luz, siendo la primera y única esposa del jefe Powhatan, y que Pocahontas fue la última de sus descendientes.

A los once años de edad, Pocahontas vio la llegada de los europeos a los terrenos de su tribu, interesados en el tabaco y en hacer negocios con caciques como su padre.

A los trece años se enamoró de un soldado de fortuna, John Smith, nada joven y fresco, sino ya algo mayor y deteriorado, al verlo en las mazmorras algonquinas de Werowocomoco, pues había sido prendido por los guerreros powhatan que comandaba su padre, se condolió de él, y seguramente también de los otros presos, y le ayudó a escapar, lo que bien podía considerarse como una traición a su pueblo.

Cuentan que ya lo había conocido en el bosque uno o dos

años antes, y que quizá entonces tuvieron una fulgurante historia de amor.

Una de las leyendas cuenta que cuando John Smith estaba a punto de ser ejecutado sobre una piedra, Pocahontas saltó sobre él para protegerle.

En la realidad se ejecutaba a pocos presos, pues eran moneda de cambio para rescatar a los propios algonquinos que a su vez estaban presos por los blancos, pero es más romántico pensar en la amorosa y sacrificada salvación de último momento.

Pero Pocahontas no murió ni fue expulsada de la tribu por ayudar a los reos, sino que continuó como una activista más en favor de la unión de los pueblos para evitar masacres y asesinatos por codicia o ínfulas de poder de ambas partes.

Sea como sea, John Smith se libró de la prisión y de la muerte, y volvió a su Inglaterra natal para disfrutar del pago de sus servicios militares a la Corona.

Sobre John Smith también hay varias leyendas: unos lo sitúan como marinero, otros como mercenario, otros más como esclavo liberto o como reo que fue a cumplir su condena al Nuevo Mundo, como era habitual en aquellos tiempos, escritas por él mismo o por cercanos a su vida.

Hubo historias similares a la de John Smith, de hombres, mercenarios o no, que fueron capturados por los nativos y encerrados durante años, como en el caso de Juan Ortiz, un marinero español que estuvo más de una década encerrado en La Florida, para ser rescatado finalmente no por otra Pocahontas o princesa nativa, sino por una misión soldadesca a cargo de Hernando de Soto.

Tras el regreso de John Smith a Inglaterra, y gracias a

activistas como Pocahontas, europeos y nativos se mantuvieron paz casi una década, pero el conflicto volvió a estallar en 1614 cuando llegaron más y más colonos, algunos verdaderos delincuentes, en busca de hacer las Américas a costa de lo que fuera.

Esta vez, y a pesar de los presos europeos en las mazmorras de Werowocomoco, Pocahontas no intervino en el intercambio de reos, entre otras cosas porque ya se había autoexiliado al poblado de Henricus, condado de Chesterfield, tras haber pasado por un par de tribus, y no pensaba volver a la vida nativa que la había visto crecer.

Pocahontas no supo de John Smith por muchos años, incluso pensó que había muerto, por lo que no tuvo problemas para casarse en ese mismo 1614 (5 de abril) con John Rolfe, un comerciante inglés, con el permiso y oficio del catolicismo, lo que la convirtió en inglesa y madre de un hijo, Thomas Rolfe, que continuó con la estirpe de Pocahontas hasta tiempos recientes.

Hay quien cuenta que fue violada antes de casarse con Rolfe, y que ese hijo es de otra procedencia secreta; o bien que ya estaba casada con Kocoum, un nativo algonquino como ella, y que en realidad era el padre de Thomas, pues nunca la abandonó y fue con ella hasta Londres cuando Pocahontas decidió irse a vivir a Inglaterra.

El matrimonio con Rolfe, además de productivo en lo familiar, sirvió de ejemplo y tranquilizó los ánimos y el comercio entre algonquinos y europeos.

Ya en Londres supo que John Smith seguía vivo.

Unos cuentan que la pasión renació entre ellos.

Otros que ella ni siquiera lo saludó.

Pocahontas en la Corte Inglesa.

Mientras que la realidad documentada señala la carta que John Smith le remite a la reina Ana para solicitarle que Matoaka Pocahontas fuera recibida y tratada con la dignidad que debe tratarse a una princesa de otra nación, aunque no era necesario, porque para entonces Pocahontas contaba con fama, prestigio y mucha gente que la admiraba, incluso la Corte Británica, tanto por su biografía oficial como por los libros de John Smith donde hablaba de ella, su gran alma y su capacidad de lucha y sacrificio intentando unir a dos pueblos antagónicos, unos libros que, aún llenos de fantasía, alababan francamente a Pocahontas, hija del príncipe algonquino de los powhatan.

Poco antes de que llegara la primavera, Pocahontas falleció en el 1617 con tan solo 21 años de edad y siendo una leyenda en vida. John Smith, quien parece que siempre estuvo enamorado de ella, le sobrevivió 14 años, muy agradecido siempre con la valiente muchacha que le había salvado la vida.

Cuál es la leyenda, cuál la realidad y cuál la fantasía nunca se sabrá a ciencia cierta, porque la imaginación a menudo es un mundo inagotable donde nada es lo que parece y nunca nada termina.

La leyenda de Fray Alonso

Cuenta la leyenda que, por allá del año 1630 de Nuestro Señor, Fray Alonso de Benavides se fue para el norte de la Nueva España a amansar indios y a convertirlos en la fe cristiana.

Ya le habían advertido que no sería fácil, pues con los indios que iba a encontrarse eran de lo más peligroso y ladino.

Pero él quería ser santo y no le importaba lo que le dijeran, y mientras peor se lo pintaban, él más se animaba a difundir el Evangelio.

"No hay corazón que se resista a Cristo", decía, seguro de lograr muchas conversiones en aquellos pueblos dejados de la mano de Dios.

Nada más llegar a la misión, con la Biblia en la mano y el escapulario en el pecho, el fraile pidió referencias a los otros hermanos sobre los indios, dónde podía encontrarlos y en qué lengua debía dirigirse a ellos.

"Viven pasadas aquellas montañas", le dijeron.

"Hablan la lengua franca, el castellano."

"¿Qué prodigio es ese?"

"Ningún prodigio, la aprendieron porque intercambian las pieles de venado por vino de algunos hacendados."

"¿Cómo los reconoceré?"

"Será fácil", le contestaron, "porque duermen al aire libre, van sucios, son groseros, impertinentes y ladrones."

"Además, a veces matan a quien se acerca a sus terrenos, porque son belicosos.

Por las noches comen ciervo, y si no hay ciervo, son capaces de comerse a los niños, ya sean hijos o entenados.

Tienen perros flacos a su lado y los usan para cazar a las liebres y a los conejos, pero también para ladrar y espantar a los fuereños.

Tenga cuidado, hermano, que ya hemos perdido a más de un misionero."

Fray Alonso no se amilanó, y tres días más tarde, con las sandalias viejas y el sayo raído, se fue en busca de aquellos indios pendencieros.

El camino era abrupto.

El calor sofocante.

Las sandalias poco prácticas.

A media jornada ya empezaba a tener hambre.

Vio a un venado correr espantado.

Detrás del venado a un puma que se detuvo cuando estuvo a su lado.

De un zarpazo le arrancó medio sayo.

Fray Alonso trastabilló y la fiera abrió las fauces para morderlo, pero algo la frenó.

¿Un milagro?

No, el olor de los pies de Fray Alonso, sudados y maltrechos, con las sandalias de cuero casi chorreando.

La fiera hizo un gesto de desagrado y partió otra vez detrás del venado que se había parado a ver la escena.

Fray Alonso se levantó, pero solo para volver a caer,

pues una de las sandalias se le había escapado y se desbalanceó en ese terreno abrupto y escarpado.

Nada, se dijo, no pasa nada, ánimo en nombre de Cristo, y retomó el paso.

Empezó a bajar la cuesta tras haberla subido, y se sintió un poco más ligero.

El aire cambió de rumbo y en unos minutos unas nubes negras lo atraparon.

Llovió como un diluvio en poco tiempo.

Fray Alonso, todo empapado, perdió la otra sandalia, que se escurrió con el agua cuesta abajo.

La Biblia, aunque forrada de cuero, también estaba empapada y se le pegaba a la mano.

Trató de abrirla para leer algún salmo que le tranquilizara el alma y le quitara el frío, pero las páginas estaban también pegadas y tan húmedas que transparentaban las letras de una hoja a la otra, por lo que no se podía leer nada.

Descalzo sintió que caminaba mejor, hasta que se topó con un prado lleno de ortigas y de césped salvaje, traspasándole los callos.

Empezaba a atardecer y le parecía que había avanzado muy poco, porque el bosque que seguía después del prado no le dejaba ver qué había más adelante.

Pero había que cruzarlo, y lo cruzó, aunque terminando de rasgarse el sayo.

Ya caía la noche cuando asomó del otro lado y vio a lo lejos las fogatas.

¡Ese era sin duda el campamento de los apaches o de los navajos! Había que darse prisa, y tanta se dio, que tropezó con una rama caída y se fue de bruces rodando unos pocos

metros, golpeándose la cabeza a cada tumbo, y quedando casi desnudo, pero con la Biblia en la mano.

Perdió el conocimiento, las fuerzas le habían fallado.

Por un instante creyó morirse, pero no le dio tiempo ni de encomendarse a Dios.

Ahí quedó tendido, a una distancia ni corta ni larga del campamento, con un sueño oscuro en el que no pasaba nada.

¿Cuánto tiempo durmió? Nunca lo supo, lo único que vio al abrir los ojos de nuevo fue a un perro que lo olisqueaba en el interior de una tienda de cuero cómoda y cálida.

Estaba tapado con una suave piel, no sabía de qué animal, pero debajo de esa piel se descubrió del todo desnudo.

Alguien le había puesto un emplasto de hierbas en la frente, justo donde se había golpeado, que ya estaba seco y con unas pocas manchas de sangre, pero nada le dolía aparte de la dignidad y el estómago, que gruñía de hambre.

Una mujer de edad indefinida entró como enojada, lo regañó en una lengua que no entendía, y le puso enfrente un plato de verduras calientes de sabor simple, que tragó más que comió, y como pudo dio las gracias.

La mujer salió y volvió con un balde de agua caliente, unos trapos y hierbas de olor, y sin preguntarle si sí o no, le dio una friega, o un baño, y luego lo vistió con las ropas de un apache o de un navajo, y le calzó unos botines de piel que le encajaron perfectamente, fuertes por fuera, pues eran de cuero, y blandos y suaves por dentro, porque tenían pelambre de borrego.

No supo qué decir, más que "¡alabado sea el Señor, gracias a Dios y al Espíritu Santo!"

"A Coyote Negro tendrías que darle las gracias", dijo la mujer en completo castellano, que al verlo vestido y disfrutando del mullido calzado, por fin sonrió, "que fue quien te trajo a mi tipi después de encontrarte tirado".

"¿Y mi Biblia?"

"¿Tu qué?"

"Mi Biblia, el libro que traía en la mano."

"¡Ah, el papel mojado!"

"Sí, ese."

"Se lo comieron los perros, o, mejor dicho, lo mordieron tanto jugando a quitárselo el pinto al colorado, que lo dejaron desecho."

"¡Bendito sea Dios! Algo se me ocurrirá para enseñarles la palabra de Dios."

La mujer ya no le hizo caso. Salió del tipi y ahí lo dejó, vestido y sin saber qué hacer, así que, tras pensarlo un par de minutos, salió del tipi esperando ver lo peor.

Lo que vio, sin embargo, fue a las mujeres hilando y lavando, a los hombres curtiendo pieles, a los jóvenes desovando y desescamando a los pescados, a las jóvenes preparando el fuego, todos en sus labores, alegres.

Coyote Negro lo saludó y le preguntó por su estado de vigor y de salud.

Luego lo llevó a que viera a un grupo de muchachos practicar con el arco sobre una madriguera de conejos. Cobraron tres piezas.

Le dijo que esa noche había una ceremonia de muertos, y que tres días después celebrarían el matrimonio de Amanecer y Atardecer.

Comieron frugalmente, y esa noche llevaron a Fray Alonso a la cremación de un muerto que tenían envuelto en una piel colorida de venado.

El cementerio indio era curioso, con esteras elevadas y adornadas con plumas, donde se veía el paso del fuego.

Colocaron al envuelto sobre una de ellas. Le prendieron fuego y lo despidieron, recordándole que esa era su casa, que ahí siempre sería bienvenido.

Alonso quedó impresionado.

No hubo llantos ni dramas.

Solo respeto.

"El Gran Espíritu está dentro de todo", le dijeron, "y el Gran Espíritu nunca está muerto, por eso siempre volvemos con los nuestros."

Quiso decir algo sobre su Dios, pero no le salieron las palabras, así que rezó para sí mismo en silencio.

La ceremonia nupcial estuvo llena de todo: comida, buen vino español, felicidad y pipa de tabaco que hacía perder los sentidos.

Amanecer era una bella y discreta muchacha, y Atardecer un joven alto y hermoso.

Ella juró fidelidad, y él cuidado y amor eterno, según le iba traduciendo Coyote Negro.

El día anterior Atardecer había cazado un gamo casi con sus propias manos, después de corretearlo por el monte y dejarlo exhausto.

Se lo echó a la espalda y bajó hasta el campamento mientras los demás le aplaudían.

Puso al gamo sobre el suelo cerca de una fogata, sacó su cuchillo y le hizo un tajo, introdujo la mano, y entre los dedos mostró a los demás el hígado del ciervo.

Mordió su trofeo y luego lo pasó de mano en mano para que cada uno le diera un bocado a aquel manjar aún caliente y sanguinolento.

Alonso no se atrevió a despreciar el bocado, y se aguantó las náuseas tras morderlo.

Durante la boda no hubo hígado crudo, sino viandas suculentas muy bien cocinadas, algunas picantes y otras dulces, sin cubiertos, pero con el cuchillo y los dedos se ayudaban, y luego se limpiaban las manos.

Fray Alonso estaba tan contento que esta vez sí se atrevió a bendecir a los novios y a decir unas cuantas palabras sobre el amor al estilo de las epístolas de San Pablo. Le hubiera gustado tener su vieja Biblia en las manos para decir exactamente y palabra por palabra el texto sobre el amor del santo, así que las dijo como Dios le dio a entender.

Al otro día hubo calma total, solo algunos vítores por el matrimonio consumado que anunciaba a un nuevo miembro de la tribu dentro de nueve meses.

"No es que lo echemos", le dijo Coyote Negro esa misma tarde, "pero en su pueblo lo deben estar extrañando."

Fray Alonso dio las gracias y se dispuso a regresar a la misión, no sin antes pasar a bendecir a los recién casados, sin saber que además de marido y mujer eran hermanos. De haberlo sabido le habría dado un soponcio ante la magnitud de tal pecado.

Recorrió el camino de regreso vestido como apache, y al llegar al bosque tropezó con su Biblia mordisqueada, inservible para leer, pero la recogió y la metió en la alforja donde Coyote Negro le había puesto algo de comer y de beber para el camino, el cual esta vez le pareció corto, pues estaba alegre y lleno de energía como hacía años que no lo había estado.

Fray Alonso de Benavides.

En la misión lo recibieron con asombro, vestido así y bronceado por el sol, enhiesto y contento en lugar de gordo y pálido, como se había ido.

Le dieron la bienvenida, le sirvieron un buen estofado, le llenaron la jarra de vino y le pidieron que les contara su aventura sin omitir detalle.

Todos quedaron embelesados por el relato, y hasta le aplaudieron. Solo uno de los monjes viejos guardó silencio, y al acabarse el relato le preguntó a Fray Alonso:

"¿Cuántos indios convirtió a nuestra fe, hermano?"

Fray Alonso tragó saliva, echó un trago de vino para ganar tiempo, y por fin contestó: "a todos y a ninguno".

"¿Cómo es eso?"

"Muy sencillo, porque no hizo falta, hermano, ya que todos ellos son los mejores cristianos que he conocido en este mundo, y pienso escribir un libro donde su leyenda negra y llena de prejuicios quede para siempre descartada."

Y, en efecto, Fray Alonso de Benavides así lo hizo.

LAS LÁGRIMAS DEL APACHE

Dicen que los apaches son tan duros y bravos que no se permiten llorar, pase lo que pase.

Los apaches no lloran ni aunque se los esté llevando el diablo.

Si sienten dolor, se aguantan.

Si pierden, se aguantan.

Si son prendidos, se aquantan.

Si ven de cerca a la muerte, se aguantan.

Los apaches no lloran, aunque se los esté llevando el demonio blanco.

Pero una tarde, andando de caza, Cuervo Veloz vio a un cervatillo al lado de su madre muerta, buscando inútilmente sus mamas con los grandes ojos abiertos como si no comprendiera lo que pasaba.

Cuervo Veloz sintió un golpe en el alma.

El cervatillo tendría apenas unas horas de haber nacido, y ya tenía que enfrentarse a la desgracia, asustado y muerto de hambre, sorprendido y sin saber que aún no había ocurrido lo peor, pues pronto se convertiría en el alimento desgarrado de algún lince, un águila o un buitre, que lo desgarrarían sin piedad y se lo irían tragando mientras aún respiraba en plena agonía.

Cuervo Veloz ni siquiera se dio cuenta cuando se le escapó la primera lágrima, para dar paso después a un torrente incontenible.

Mientras lloraba se le vinieron a la cabeza recuerdos de su madre muerta, de su perro mutilado, del rechazo amoroso que había sufrido en la infancia, y muchos otros dolores similares que se le habían quedado en el fondo del alma, pues en su momento no los había considerado importantes, y porque como buen guerrero apache él, el orgulloso Cuervo Veloz, no lloraba.

Sus compañeros lo vieron de lejos taparse la cara, pero no se dieron cuenta de que lloraba, algo que los hubiera sorprendido y decepcionado, pues Cuervo Veloz era su líder por rudo, duro y valiente, y jamás se habría permitido una sola lágrima ni en los momentos más difíciles de la batalla.

Cuervo Veloz lloraba tanto, que no se dio cuenta que los suyos lo observaban, así que en cuanto los tuvo encima y levantó la cara esperó ver la decepción en sus rostros al ver que su líder estaba llorando como una muchacha caprichosa o como un bebé con mal de panza, y ya esperaba sus burlas y sus risas.

Pero no, el grupo quedó espantado, como si viera un mal fantasma, un prodigio de magia negra, pues entre las manos, y resbalándole por la cara, Cuervo Veloz no tenía lágrimas acuosas sino piedras de colores, azabache por las penas negras, obsidiana por las penas viejas, jade por las penas nuevas, perlas por las penas de amores y hasta coralinas por las penas olvidadas.

Él mismo se sorprendió al ver entre sus manos, a sus pies, en su pecho y en sus mejillas ese tesoro de pedrería que además le había tranquilizado el alma.

Se puso de pie tan orgulloso como siempre, repartió la pedrería entre los suyos, ordenó que cargaran con la venada muerta y se echó al hombro al cervatillo huérfano, para criarlo más tarde con leche de cabra.

Algún día será mi cena, dijo bromeando, y mientras volvían al campamento iba rumiando que llorar, al fin y al cabo, no era tan malo, porque llorar podía convertirse en un tesoro que alivia el alma.

Búfalo Loco y Venado Tímido

Búfalo Loco era un terrible guerrero que llevaba varias cabelleras de sus enemigos colgadas al cinto.

No era muy alto ni muy grande, más bien flaco y enjuto, pero fibrado y lleno de una energía y una rabia que lo hacían un peligroso adversario.

Venado Tímido no era guerrero ni quería serlo, por más que se burlaran de él sus compañeros.

Matar no era lo suyo, y morir masacrado por un tomahawk enemigo mucho menos.

Eran muy distintos, y sin embargo eran grandes amigos desde su más tierna infancia.

Búfalo Loco lo protegía y no dejaba que nadie abusara de su amigo, y Venado Tímido se lo agradecía con el alma.

Por eso era que discretamente todos hablaban de la curiosa pareja, incluso las muchachas, que decían entre risas que parecían enamorados listos para casarse, porque la fidelidad estaba asegurada, aunque los pobres no podrían tener nunca una camada.

La madre de Venado Tímido hubiera querido tener a un guerrero, o por lo menos a un médico brujo, pero no a ese muchacho que temblaba cuando había tormenta y que se refugiaba entre sus faldas al menor contratiempo.

Lo quería y en cierta manera ya estaba acostumbrada, pero seguía deseando que algún día Venado Tímido sacara valor del fondo de su alma y demostrara que no era tan débil, aunque fuera solo una vez, pero el tiempo pasaba y Venado Tímido no mejoraba.

Eso sí, pintaba y dibujaba muy bien, y contaba cuentos e historias a los más pequeños, que lo seguían y hasta lo admiraban.

Entre los blancos estaría mejor, decía Alce Grande, el jefe, cuando lo veía pasear entre los tipis suspirando, en lugar de estar preparándose para una batalla.

Tiene alma de mujer, decían los ancianos, pero las ancianas decían que de alma de mujer no tenía nada, porque las mujeres de la tribu eran más duras y más valientes que Venado Tímido, y que no se les parecía en nada.

Búfalo Loco era consciente de lo que decían los demás, aunque delante de él se callaban, y en más de una ocasión quiso hacer ver que Venado Tímido era valiente, pero Venado Tímido no ayudaba.

Una vez le puso a un puma medio muerto a los pies, para que Venado Tímido lo rematara delante de los demás, pero Venado Tímido no lo remató, lo que hizo fue agacharse, abrazar al puma herido y pedir al Gran Espíritu que lo salvara.

El puma le dio un zarpazo y le mordió, aunque sin fuerza, en una mano, y Venado Tímido casi se muere del susto, pero aun así siguió pidiendo al Gran Espíritu que lo salvara.

Búfalo Loco, molesto por esa actitud, descargó su ira sobre el pobre puma y acabó de matarlo a puñaladas, ante la mirada horrorizada de Venado Tímido.

Pasaron los años y Venado Tímido no mejoraba, es más, mientras más años tenía más sensible se volvía, y por cualquier cosa lloraba o se espantaba.

Lo peor para él fue el día en que Búfalo Loco tomó por esposa a una chiricahua, tan loca y tan pendenciera como él, pero que le dio varios hijos bravos y despiertos.

Venado Tímido se tragó su dolor pidiéndole al Gran Espíritu que lo apartara del mundo, pero no lo apartó, y Venado Tímido se convirtió en la nana de los hijos de Búfalo Loco y en esclavo de la chiricahua, todo para seguir estando cerca de Búfalo Loco cada vez que regresaba de una batalla.

Así pasó un tiempo, hasta que, en una de las ausencias de Búfalo Loco, la chiricahua lo quiso usar como hombre y Venado Tímido no respondió.

La chiricahua, loca de despecho, se fue a buscar amante a otro lado, pero dispuesta a vengarse de Venado Tímido.

Venado Tímido no sabía qué hacer, pues la chiricahua lo hostigaba noche y día, y animaba a su amante a que lo golpeara y lo humillara, aprovechando siempre que Búfalo Loco andaba por ahí en alguna batalla.

Tanto miedo tenía Venado Tímido, y se sentía tan mal fingiendo normalidad cuando Búfalo Loco regresaba y pasaba una temporada en el campamento, que estaba dispuesto a quitarse la vida.

Tomó uno de los cuchillos más afilado de su compañero del alma, y cuando Búfalo Loco volvió a partir a una guerra contra los hombres blancos, Venado Tímido se metió al tipi y se acostó bajo la piel con el cuchillo en mano, decidido a cortarse las venas o el cuello esa misma noche y así dejar de sufrir tanta inmundicia con que la vida lo trataba.

La chiricahua también quiso aprovechar la ocasión, y esa misma noche mandó a su amante para que le diera un susto de muerte a Venado Tímido disfrazado de médico brujo, a ver si del susto lo mataba.

El amante entró al tipi disfrazado, y ya dentro lanzó un grito terrible y se lanzó encima de Venado Tímido para espantarlo, pero la suerte quiso que Venado Tímido, horrorizado y sin destaparse la cara, blandiera el cuchillo con fuerza, el que se le clavó por accidente en el corazón del amante de la chiricahua, quedando muerto al instante.

Los gritos de Venado Tímido despertaron a todo el mundo, y la chiricahua, creyendo que su amante había logrado la burla, corrió al tipi de Venado Tímido para verlo morirse de terror, tropezando al entrar con el cadáver de su amante, y cayendo sobre el cuchillo afilado que le destrozó las entrañas.

Ahí estaban, muertos los dos, y Venado Tímido con el cuchillo sangrante en la mano esperando lo peor de lo peor por su accidental acto.

Para su sorpresa, todos le aplaudieron, lo felicitaron y llevaron en hombros hasta el tipi de su madre, que lo recibió con un fuerte abrazo, pues su hijo por fin había demostrado lo valiente que era, matando al amante y a la infiel chiricahua.

Cuando volvió, Búfalo Loco también lo felicitó y le dio las gracias.

Venado Tímido calló, agradeció y no dijo lo que en realidad había pasado, aunque no le gustaba nada mentir, pero los hijos de Búfalo Loco lo necesitaban, y su madre, cada vez más anciana, también.

LOS CHIRICAHUAS PERDIDOS

Es muy difícil perderse en la Gran Llanura, ya que puede verse todo desde muy lejos y no hay ni montes ni bosques que escondan a nadie de la vista, pero a pesar de todo, unos niños chiricahuas se alejaron por la mañana de los tipis y por la tarde no regresaron, como hacían siempre, después de sus juegos o porque el hambre apretaba y ya era la hora de la merienda.

Todo un misterio, porque los niños eran de buen diente y siempre llegaban al tipi a la hora de la merienda.

¿Alguna fiera?

¿Una tribu enemiga?

¿Unos espíritus chocarreros?

¿El agua traicionera de un río?

¿Un agujero que se había abierto bajo la tierra?

¿Hombres blancos que robaban niños?

Nadie había visto nada ni oído nada, el río más cercano

era manso y pequeño, más arroyo que río, no se veía a ninguna fiera deambulando entre la pastura, como tampoco había rastros de tribus enemigas ni de hombres blancos.

Hicieron una batida por alrededor del campamento.

Soltaron a los perros, dándoles a oler ropa de los niños para que buscaran el rastro como cuando buscaban liebres.

Golpearon la tierra para ver si no estaba compactada.

Pero nada, no había nada.

Buscaron noche y día, pero ni rastro de los niños.

Volvieron al campamento y desarmaron los tipis y los volvieron a armar, por si los niños se habían escondido entre las pieles o los tenía alguien del campamento, queriendo o sin querer, por celos o por descuido, o porque los niños se hubieran metido en algún tipi en busca de abalorios o de alimentos.

Nada, todo un misterio.

El médico brujo hizo sus conjuros, fumó, masticó y bebió para abrir las puertas de su entendimiento, y preguntó a los espíritus por los niños, pero los espíritus, ni los malos ni los buenos, sabían nada del tema.

Los habrá recogido el Gran Espíritu, dijo el médico brujo, para llevarlos con él muy lejos. Pero el Gran Espíritu mandó una señal desde las nubes para decir que no, que él tampoco sabía nada de los niños.

Pasada una semana, la tribu los dio por muertos, pensando que si algo encontraban de ellos serían sus huesos, e hicieron la ceremonia fúnebre en la loma de los fallecidos, tomando unas piedras como símbolo de sus cuerpos.

Todo se habría olvidado si mucho tiempo después no hubieran aparecido dos niños chiricahuas en esa misma loma, mientras que las piedras de la loma de los fallecidos que los simbolizaban desaparecieron.

EL MONTE DE LOS PERDONES

Luna Clara se había portado muy mal durante toda su vida.

Gritaba, engañaba, maldecía y no respetaba nada.

Tomaba lo que no era suyo, lo escondía y se lo quedaba y lo defendía como si lo hubiera parido.

Mentía siempre, tanto y de tal manera, que ni ella misma sabía cuál era la verdad o cuál era la mentira de todo lo que decía.

No cumplía con la palabra dada.

Sin necesidad traicionaba y echaba la culpa a los demás de sus desgracias.

Nunca fue fiel ni a su pareja ni a su familia.

Era vaga y sucia.

Presumida y atildada.

Tuvo hijos sin quererlo, y ya que andaban por ahí los odiaba.

Luna Clara no se aguantaba ni a sí misma.

Todo el mundo le parecía despreciable.

Se quejaba de que nadie la entendía y de que todos y todo estaban en contra de ella.

Se peleó con toda su familia y dejó de hablarle a sus padres, a sus abuelos, a sus tíos y a sus hermanos, a pesar de que ninguno de ellos le hizo nunca daño, sino todo lo contrario, siempre la ayudaron en lo que pudieron, pero a ella le parecía poco todo lo que le daban.

Así fue de niña.

Así fue de joven.

Así fue de vieja.

Nada le gustaba, nada le cuadraba y hacía todo el mal que podía.

Ni siquiera cuando estuvo al borde de la muerte dejó de tener mala entraña.

El Gran Espíritu le parecía una grosería, lo mismo que las buenas almas.

No le importaba el mal que había hecho, y así se dispuso al sueño eterno esperando que tras esta vida no habría absolutamente nada de nada.

Bastante he sufrido en esta vida, decía, como para sufrir en la que pueda venir, que si en algo se parece a esta, me vuelvo a morir de inmediato tantas veces cuantas haga falta hasta que no haya nada de nada.

Finalmente cerró los ojos.

Dejó el viejo y amargado cuerpo que pronto sería cremado, y su alma vio desde arriba a una de sus hijas, a la que tanto había despreciado y de la que ya ni se acordaba, abrazar su cuerpo muerto, besarla y darle las gracias.

Luna Clara no entendía nada.

¿Por qué demonios su fea hija le lloraba y la besaba?

Se había portado muy mal con ella.

La había insultado y humillado.

Le había robado todo lo que pudo, y cuando ya no pudo exprimirla más, se olvidó de ella, echándola a un lado.

Mientras la ungía para la cremación, la hija le decía conmovida que ella, la mala, la loca, la amargada, era su modelo, su inspiración, que no había nada de qué perdonarla en el Monte del Perdón, donde sería cremada.

Luna Clara quiso responderle y pedirle explicaciones por sus palabras de amor y agradecimiento, pero ya estaba más que muerta y de su boca no salió ni una sola palabra.

La hija la envolvió y la subió, con ayuda de sus hermanos y hermanas, a la estera adornada con collares y plumas de colores.

Encendió la tea y puso el fuego sobre el envoltorio, y vio con lágrimas en los ojos cómo se quemaba y se iba convirtiendo en cenizas.

Lo poco que quedó lo molió y lo arrojó al viento, mientras el alma de Luna Clara seguía sin entender qué pasaba y por qué la trataban tan bien si ella en vida había sido malvada, cruel y descastada, sin querer a nadie, y mucho menos a esa hija de la que apenas se acordaba.

"Gracias por..." escuchó Luna Clara que su hija decía, y puso mucha atención.

"Gracias por desaparecer de este mundo que nunca entendiste y que nunca te entendió, y gracias por enseñarme todo lo que no se debe hacer en esta ni en ninguna vida, bruja condenada. Así que no hace falta que vuelvas, quédate por ahí vagando, y no te doy mi perdón porque nunca lo pediste ni lo necesitaste, que te sea leve este viaje."

Luna Clara ardió de cólera, tanto como sus cenizas, ¡se estaba burlando de ella esa hija descarriada! Pero nada pudo hacer más que perdonarla, porque su alma ahora estaba atrapada en el Monte del Perdón, y de ahí nadie se escapa si no es perdonado por los demás, y nunca nadie perdonó a Luna Clara.

EL CUERO CABELLUDO DE ESTRELLA TEMPRANA

"Las mujeres blancas", dijo Estrella Temprana, "la navajo calva, no son humanas, son muñecas de trapo, malos espíritus, algo extraño."

"¿De qué hablas?", le preguntó su amiga, Luz de Luna.

"De algo horrible."

"¿El qué?"

"Quizá me lo merezco por ambiciosa."

"Me tienes intrigada, cuéntamelo todo para que te entienda."

"Todos saben que me estoy quedando calva."

"¿Y?"

"Que eso significa que estoy perdiendo mi alma, y por eso hice lo que hice, y fui cruelmente castigada."

"¿Qué hiciste? Cuenta, cuenta."

"Fui hasta el campamento de los blancos a llevar hierbas y tabaco para hacer intercambio, con la cabeza bien tapada, como siempre, y entonces llegó la diligencia y de ella descendió una mujer con una cabellera rubia, casi blanca, que le llegaba hasta el cielo."

"¿Hasta el cielo?"

"Bueno, no tanto, pero sí le llegaba muy alto, y me le quedé mirando como boba."

"¿Y qué pasó después?"

"La blanca me ignoró, como hacen todos los blancos, pero me miró con el rabillo del ojo como burlándose de mi mirada, y yo seguía embobada viendo aquella mata de pelo tan intensa, tan gruesa, tan alta..."

"¿Y luego?"

"Luego me vine para acá, me descubrí la cabeza y fui a mirar mi reflejo a la orilla del lago. Estaba más calva que nunca."

"No tanto..."

"¡Sí tanto! Y sentí que se me hundía el espíritu en el agua. No podía seguir así."

"¿No?"

"¡No! Tenía que acabar con aquella cabeza calva de una buena vez, por eso decidí vestirme de hombre, fajarme una buena hacha, y volver al campamento de los blancos."

"¿Para qué?"

"Para buscar a la mujer de la cabellera alta."

"¿La encontraste?"

"Sí, y esperé a que se hiciera de noche para acercarme hasta ella y, ¡zas!, de un golpe de hacha arrancársela, como hacen nuestros hombres en la guerra."

"¡Estás loca! ¿Lo hiciste? ¿Te llenaste las manos de sangre blanca?"

"Sí, lo hice, pero no me manché las manos de sangre blanca porque no hizo falta el golpe de hacha, pues en cuanto la sujeté del cabello ella se desmayó, y su cuero cabelludo quedó en mi mano derecha sin sangre ni nada, apenas si se lo arranqué."

"¿Y qué pasó después?"

"Ella se quedó ahí tirada y sin pelo, y yo salí corriendo sin que nadie me viera, con el cuero cabelludo de la blanca atado a mi faja, llegué a mi tipi, encendí una tea y lo vi de cerca. No había cuero alguno, ni sangre ni nada, solo un trapo cosido y unas horquillas, y todo ese pelo casi blanco que no se desenredaba con nada."

"¡Era una peluca, pedazo de tonta!"

"Sí, ahora ya lo sé..."

"¿Te la probaste?"

"Sí, me la puse como pude y fui al lago a ver cómo me quedaba."

"¿Y?"

"¡Fue horrible! Me veía tan ridícula y tan tonta como soy. La verdad es que estoy mejor calva, total, con un paliacate negro puedo disimular las clapas. Eso me pasa por querer calarme el cuero cabelludo de una blanca."

"Sí amiga, la culpa de todo la tienen las blancas."

LA FUENTE DE LA ETERNA JUVENTUD

Un mito ancestral, sin duda, que se refiere a la existencia de una fuente, pequeño lago o laguna, e incluso cascada milenaria, cuyas aguas dan la salud, vida eterna y un aspecto fuerte y juvenil siempre deseado.

Este mito recorre el mundo entero, pero entre los nativos norteamericanos parecía tener un poco más de realidad, pues la ruta recomendada tenía señales muy claras de seguimiento, como las casas labradas en las montañas por los desaparecidos anasazi o los hopi, o el aspecto fuerte, joven y saludable de muchos nativos, como los cheyenne y los comanche, que quizá habían bebido de esa agua.

Tanto Ponce de León como Cabeza de Vaca, expedicionarios españoles, fueron en su búsqueda, sin encontrarla.

Una leyenda cuenta que uno de los acompañantes de Ponce de León, un fraile franciscano enfermo y viejo, pero resistente, encontró la fuente cuando se encaminaban a La

Florida, pero no se lo dijo a nadie y solo se mojó levemente los labios, un par de gotas, con las que sintió una energía vital que ya no recordaba.

Para no ser descubierto por sus compañeros, se fingió más enfermo de lo que estaba y se quedó en una pequeña aldea comanche, a esperar a que regresaran.

Las increíbles casas de los hopi.

Una vez apartado de sus compañeros y recibiendo la hospitalidad de los comanches, se encaminó sonriendo hacia la fuente.

—Sé a dónde vas —le dijo la mujer medicina de la aldea.

—¿Y? —le contestó sarcástico el monje.

—Que no sabes el peligro que corres.

—Solo el de volverme fuerte y joven.

—Así será, joven, muy joven. Advertido quedas.

—¿Está prohibida?

—No, yo misma tengo varios guajes pequeños en mi tienda, para lo que se ofrezca, pero...

—¡Pero nada! No te preocupes por mí, que el Santo Padre cuida de mi persona con sus oraciones y alabanzas a Dios.

—Como quieras —dijo la mujer medicina, y se dio la vuelta meneando la cabeza.

El viejo monje llegó por segunda vez a la fuente, y esta vez bebió hasta llenarse y refrescarse, y, no contento con ello, se desnudó y se bañó de cuerpo entero, riendo como un muchacho que ha encontrado un tesoro.

Cuando salió de la fuente vio sus manos, eran las de un jovenzuelo.

Al dar dos pasos, vio sus pies, eran los de un niño.

Cuando llegó hasta su jubón, no supo por qué, pero no se tuvo en pie y cayó sobre el áspero habito.

Quiso hablar y gritar, pero solo lloró a lágrima tendida, hasta que de pronto calló y sintió que se dormía como si estuviera flotando en agua tibia.

Fue ahí donde perdió toda la consciencia de ser y estar, pues simplemente desapareció de esta Tierra.

La mujer medicina intentó advertirle, pero él no la escuchó, y sus ropas de monje fueron quemadas en la fogata de la aldea al lado del tipi de la mujer medicina.

Ponce de León no regresó por el mismo camino, sino que, decepcionado por el fracaso de su empresa, bajó hacia la ciudad de México por lo que hoy en día son Tamaulipas y Veracruz.

Del viejo fraile nunca más se supo nada, y ni siquiera fue al infierno o al cielo, porque no murió, sino que volvió al mundo anterior, joven, muy joven, y con mucha fuerza.

Ponce de León sí encontró un hermoso manantial de agua fresca, pura y cristalina en un poblado nativo al que bautizaron como San Agustín, camino de La Florida, pero fuera de refrescarlo y lavarlo, que tras la larga expedición fue todo un bálsamo y hasta casi un milagro, no le dio la juventud eterna tan deseada.

Hoy en día se puede visitar y beber un vaso de sus sagradas aguas, sin que te pase absolutamente nada.

Hay cientos y miles de leyendas de los pueblos nativos norteamericanos, algunas de ellas cantadas y danzadas, que han pasado de generación en generación, muchas perdidas y muchas de ellas conservadas por los ciudadanos de las naciones internas, los verdaderos dueños de esas tierras que no se rinden nunca del todo, y que tienen una gran paciencia pues:

ANTES O DESPUÉS

Antes o después,
da iqual,
porque nadie se salva,
así que nacer o morir
en realidad
no importa nada.

Así que vive feliz,
y a la vida
no le des la espalda,

pues la existencia es una leyenda
que te cuentan
antes de partir, o de morir,
ya nos veremos mañana.

Canto apache mescalero

IX
Frases y proverbios

Mientras estés vivo
todo es posible
y nada está perdido,
y, cuando estés muerto,
vivirás a través
de tus hijos.
Herencia comanche

Los nativos norteamericanos tenían una sabiduría propia que bien podrían haber firmado los filósofos occidentales, tanto estoicos como platónicos, e incluso el más natural y cínico de todos ellos, Diógenes de Sinope.

Sus frases y proverbios han recorrido el mundo entero e inundan algunas de las páginas de internet y las redes sociales.

Algunas de ellas no parecen suyas ni originales, sino inventadas, con buena o mala intención, por autores occidentales bastante recientes. Algunas de ellas, a pesar de todo, parecen contar con la esencia cheroqui o apache, pero otras suenan huecas, demasiado manidas o del todo oportunistas, sin atisbo de lo que son y han sido los nativos originales de la actual Norteamérica.

La mayoría de ellas, por supuesto, apenas se empezaron a escribir y a coleccionar en el siglo XX, cuando prácticamente no quedaba un solo nativo libre ni interesado en hacer un estudio o un compendio de las frases que reflejan y reflejaban su pensamiento.

Aquí tenemos unas cuantas de sus frases, pensamientos, enseñanzas y proverbios, que bien podrían servirnos de guía para construir un mundo más sano, independiente y en equilibrio y armonía con la naturaleza y, por supuesto, con la mayoría de los pueblos y personas que habitan nuestro planeta:

Nadie es dueño de nada, ni siquiera de sus propios pensamientos.

El alma no tendría arcoíris si el ojo no tuviera lágrimas.

Nuestro primer maestro es nuestro propio sentir interno.

Solo si nos preguntamos a menudo, el don del conocimiento acudirá a nosotros.

La sabiduría viene solo cuando por fin dejas de buscarla.

La vida no está separada de la muerte.

Los caminos y las veredas no existen si no se hacen.

Para quien sabe escuchar, hasta las rocas le hablan.

Lucha por lo que no puedas alcanzar, porque lo alcanzable no es lucha.

Camina siempre, hacia delante, detrás o hacia los lados, peo camina siempre.

Ama intensamente, pero siempre de pie, nunca de rodillas.

Nunca tengas amo ni seas amo de nadie, porque ambas situaciones son indignas.

El mundo entero se hizo para ti, ¿a qué estás esperando?

Ama a tu caballo, pero come su carne si es necesario.

No des por ganada una batalla por haber herido a alguien.

Nada en realidad termina, porque todo es un continuo comienzo.

Cuando crees que tienes todas las respuestas, siempre aparecen más preguntas.

Todo está dado desde tu nacimiento, pero la realidad la moldea tu pensamiento.

Aunque parezcamos diferentes, somos uno desde el primer hopi hasta el último mohicano.

Los cara pálida nos pueden quitar todo lo que ambicionan como perros flacos, pero no nos pueden quitar lo que llevamos dentro, alma le llaman.

Siempre vamos hacia adelante, aunque no queramos o parezca que vamos hacia atrás.

El tiempo no pasa, se queda y nos aplasta.

No hay día sin sol ni lluvia sin primavera.

Piensa bien y con firmeza, pues de esa manera creas tu realidad y estás en sintonía con la naturaleza.

Hay perros nobles e independientes, como los lobos y los coyotes, y perros tontos y dependientes, como los hombres blancos.

Si los dioses de los blancos se parecen a los humanos, no son dioses, son humanos disfrazados.

El coyote no roba ni engaña, en realidad solo toma lo que le han quitado.

Matar al bisonte no es la proeza, la proeza es arrastrarlo.

No tienes alas como las águilas, pero te aseguro que puedes volar más alto.

Tener hijos fuertes, sanos y sabios es el único milagro.

No puedes despertar a una persona que finge estar dormida.

Mientras más dormidos y engañados haya, menor es la competencia.

La vida está llena de vida, por eso la muerte nos es del todo ajena.

Ante la ira, reflexión.

Ante la duda, paciencia.

Ante el dolor, superación.

Ante el hambre inevitable, una siesta.

Y ante el miedo, valor, mucho valor.

Juntarte con caras pálidas no te hace ser blanco.

Los mocasines grandes y largos, como los de los cheyennes y los comanches, son para dar extensos pasos.

Si te acomodas a una sola tierra, no pidas a los dioses conocer otros lagos.

Si hay sol, acepta el sol, si hay lluvia, acepta la lluvia.

No intentes cambiar lo que no alcanzas, ni a las estrellas del cielo ni de las personas el alma.

Ni el mal ni el bien vienen de Manitú, vienen de tu propia alma.

No hagas promesas como los hombres blancos, pues esas promesas no valen nada.

Hay hombres coyote, como los comanches, que se aprovechan de todos; y hay hombres lobo, como los cheyenne, que todo lo hacen por la manada.

No hables de lo que no sabes, y mantente en silencio como los apache, que solo hablan lo que saben.

Vive, porque has nacido y es inevitable que vivas, lo demás sale sobrando.

La vida y la muerte son las dos hermanas que siempre te acompañan.

Busca en el fondo de tu ser y encontrarás lo que tanto buscabas.

No busques en luna nueva lo que solo puede darte la luz de la luna llena.

Piensa y actúa, porque el solo pensar no vale nada.

La duda atenaza, pero la acción sin pensar aniquila.

Si no sabes qué hacer, lo mejor es que no hagas nada.

Wakan Tanka te dio pies para avanzar, no para que los enterraras.

Si de los demás sacas tus riquezas, de los demás sacarás tu lápida.

Al abusar del pobre y del débil porque un papel así lo dice, ganarás lo que no te pertenece y perderás tu alma.

La enfermedad ataca a quienes más tienen, porque ellos mismos no se perdonan sus propias trampas.

No vayas detrás de mí, porque caerás en las mismas trampas; mejor caminemos juntos y así veremos mejor cómo evitarlas.

No te compares con nadie ni quieras lo que otros tienen.

Incluso los blancos y su peor comportamiento son una valiosa enseñanza.

No confíes ni en ti mismo, porque a menudo el enemigo está dentro de la propia alma.

Nunca debe hablar de más el que siempre mantiene su palabra.

Los presidentes de este país nos han enseñado que las promesas plasmadas en papel no tienen más valor que la palabra dada.

Los blancos codician y ambicionan mucho, incluso matan por obtenerlo, simple y llanamente porque tienen vacía el alma.

No cargues con lo que no necesitas, o te dolerá la espalda.

La maldad no tiene conciencia, por eso es feliz y ríe cuando mata.

Los blancos, aunque son como perros sucios, no tienen la culpa de tus vicios.

Solo pedimos la paz cuando no podemos ganar la guerra.

Vencer a un niño de dos años no es ganar una batalla.

Como dicen los apaches: es mejor tener luz en las manos que truenos en la boca.

No esperes que el sol sea verde, ni que la mujer sea mansa.

Si tu valor está en tu poder, tus riquezas o tus armas, tú de valor no tienes absolutamente nada.

Si logras tu fortuna con el esfuerzo de otros, dicen los sioux, no esperes que sea buen caballo al que explotaste de potro.

Respeta a la naturaleza, porque ella es la que te da de comer y sus frutos nunca se acaban.

Si tu caballo no te obedece hoy, no esperes que te obedezca mañana.

Los tratos más convenientes a menudo son los que nacen de la desconfianza.

Los esquimales sí sufren de frío, pero se tapan.

Los cheyenne cantan y los arapahoe danzan, así que haz lo que mejor sepas hacer y no pierdas el tiempo haciendo lo que no sabes.

Después de cada primavera viene el verano.

Si te tienen que explicar un cuento o una leyenda, es que no necesitabas escucharla.

Cada quien es maestro de su propio caballo.

A menudo sirve para mucho el que aparentemente no sirve para nada.

Disfruta del bien y de la alegría de tus hermanos, y no del mal y de la tristeza de los extraños.

Como los sioux, intenta dejar las huellas que el día de mañana recuerden y reconozcan tus hijos, tus hermanos y hasta los extraños.

La herencia de los comanches es el sabor de la autonomía, la independencia y la libertad, que dejaron al alcance de todos los seres humanos.

No regales lo que no tengas, ni aceptes lo que han robado los demás.

Acepta la verdad por dura y seca que sea, y rechaza la mentira por dulce que te parezca.

Desconfía de quien te dice que eres el mejor, pues algo quiere de recompensa.

No todo en los blancos es malo, pues lo mejor de ellos es su ausencia.

Si una bella mujer tiene cinco esposos y a todos trata mal, no esperes nunca ser el próximo.

Los hijos son un regalo del vientre femenino, pero también son una responsabilidad.

Procura no deber nunca nada, ni siquiera el cochino dinero de los blancos, que no tiene dueño ni dignidad.

Nada de lo que te sobreviva es realmente tuyo. La tierra no puede ser de nadie.

Solo el que no tiene nada puede dar realmente todo lo que tiene.

Shoshones y pies negros no creen en la propiedad, por eso en realidad no se apropian de lo que tienen los demás, solo lo disfrutan momentáneamente.

No sufras por las posesiones, dicen los jicarilla, porque hasta lo que comes y lo que bebes mañana lo sacarás de tu cuerpo y bajo un árbol lo tirarás.

Siempre se debe estar listo para las ceremonias, los bailes y el amor, pero aún más para la guerra.

Vivimos completamente en paz miles de años, por eso Toro Sentado aseguraba que la guerra la trajeron los extraños.

La vergüenza de robar puede convertir al simple ladrón en un terrible asesino.

El hombre blanco se empeña en tapar sus errores de ayer con más errores en el día de hoy.

Al criminal no le importa hacer el mal, pero odia que lo atrapen.

Hay que dar gracias al tío oso por darnos su carne y prestarnos su piel.

¡Qué pequeños somos al ojo del águila!

Como las malas mujeres, los hombres blancos nos mataron y robaron sin darnos siquiera las gracias.

La palabra del algonquino vale tanto, que puedes empeñarla y recibir un pago a cambio.

Cuando comprendas que nada es de nadie y que todo es de todos, habrás dado un paso en el camino de ser realmente humano.

Si permitiste un abuso o un mal pago, prepárate para recibir más abusos y peores pagos, porque los buitres nunca tienen demasiado.

Si existe algún hombre blanco que sea realmente bueno, no ha pasado por estas tierras.

La imaginación y la mala conciencia juegan malas pasadas, así que no juzgues ni condenes a nadie sin tener pruebas reales y limpia la conciencia.

Es fácil criticar y odiar a otro, porque no has llevado sus mocasines puestos.

Dicen que no sé leer las letras por ser mescalero, aquellos que no saben leer el espíritu que está escrito claramente en todos lados.

No todo adiós, "yee" en apache, es una despedida, ni todo hola, ni 'jao, *es una bienvenida.*

Epílogo:
Cabalgando bajo las estrellas

Y entonces llegará el día
en que el hombre blanco
acabe consigo mismo,
mientras nosotros seguiremos
cabalgando bajo las estrellas.
Proverbio apache

Cierto, la situación actual de los pueblos nativos norteamericanos de momento no es la mejor ni la más halagüeña, pero muchos de ellos resisten superando el genocidio al que fueron expuestos en el pasado y que, de alguna lastimosa manera, aún persiste en nuestros días, donde la gran mayoría de los nativos del este fueron asesinados o desplazados al oeste, lejos de sus tierras y sus pastos, como si la mala conciencia del hombre blanco quisiera borrarlos para olvidarse de su existencia, pues nunca ha podido destruirlos ni colonizarlos del todo, y eso parece que les da algo de rabia.

En Texas ya no hay un solo comanche visible, casi todos están en Oklahoma; los algonquinos de Virginia, dejados de la mano de Pocahontas, fueron desplazados para zonas iroquesas del norte sin la cercanía de sus ríos y sus lagos; los apaches sobreviven en un reducido espacio fronterizo con México, cuando fueron los señores de los Grandes Llanos, y hoy en día rara vez se les ve montar a caballo.

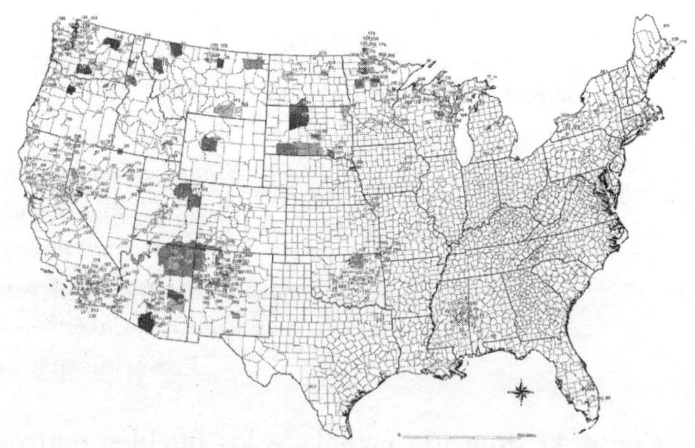

Desplazamiento del este al oeste.

Un genocidio vergonzoso varias veces ejecutado lleno de trampas, falsas promesas y mentiras más o menos descaradas, por un Estado que se lava las manos sin poder borrar la sangre de cada alevoso asesinato, y deja pasar casi tres siglos para empezar a pedir un perdón bastante ramplón que no repara ni redime nada.

Sin embargo, aunque algo mal y tarde, su mitología, con sus leyendas, enseñanzas y creencias sigue viva, atrayendo a muchos y asustando a otros, pues casi todos ven en ella más folclore que una forma de vida plena y diferente, y abrazarla no es fácil porque las costumbres, el miedo a lo desconocido y los prejuicios pesan.

Para el hombre blanco existe todavía el terror a ser diferente, aunque ser diferente consista en ser mejor y vivir de verdad en armonía y apegados a la naturaleza.

"Descubiertos", conquistados, masacrados, reducidos, ultrajados, despojados, engañados, envilecidos, alcoholizados, encerrados en reservas, pero no del todo destruidos, los pueblos originarios de lo que hoy es Norteamérica y Canadá esperan con paciencia a que los usurpadores perezcan bajo su misma locura para volver a recorrer sin temor y en libertad la faz de la Tierra.

Apenas en este 2016 fueron realmente reconocidas más de 500 tribus de nativos norteamericanos, y no solo por su encierro social, político y económico en las famosas reservas indias, muchas de ellas sin los servicios más elementales de higiene y seguridad, sino por su pertenencia oficial a los Estados Unidos de Norteamérica, sin tener que renunciar a su nación de origen y con la posibilidad de obtener el pasaporte norteamericano, aunque los trámites siguen siendo engorrosos y hasta ridículos.

LOS CASINOS INDIOS

Hay quien apunta al fenómeno de los casinos indios —como el de Foxwood de Connecticut, en la reserva india Mashantucket— como tirón de orejas al gobierno federal, que los ha permitido, y a la vez ha sufrido una independencia económica de los nativos norteamericanos que no se esperaban y que ha servido para que algunas de ellas pretendan ser algo más que reservas indias y obtener cierta autonomía, algo así como una verdadera soberanía nacional apartada de la federación norteamericana, algo que las autoridades estadounidenses no ven con buenos ojos.

Casinos indios, fuente económica de los nativos.

El fenómeno de los casinos de las reservas indias viene desde 1980 bajo el gobierno de Ronald Reagan, que deseaba congraciarse con los nativos de alguna manera.

No todas las tribus se acogieron al plan por cuestiones moralistas, como el temor al vicio y a la prostitución, a las mafias y a la violencia, poniéndose de lado sin querer con los *white trash* de la derecha y extrema derecha norteamericana, aunque los consumidores de juego, alcohol y prostitutas fueran precisamente los blancos y no los nativos de las reservas.

Muchos casinos funcionan la mar de bien y, en efecto, han mejorado la situación económica de muchas reservas indias, que ahora cuentan con servicios médicos, de higiene, energía eléctrica y recogida de basura, un comercio vivo y trabajo bien remunerado para sus empleados, a la vez que hacen gala de su procedencia nativa con sus vestimentas y tradiciones ancestrales los días de fiesta.

La tierra de las reservas ya les pertenece legalmente, y cuentan con autonomía y unas leyes propias que les permiten operar comercialmente los casinos sin más obligación federal que pagar sus impuestos.

Hoy en día, sin contar con los prejuicios, el racismo, el clasismo y el boicot social, en teoría se supone que los nativos norteamericanos tienen todos los derechos civiles de cualquier ciudadano, pero en la práctica no está tan claro.

RECONOCIMIENTO FEDERAL E INTERNACIONAL

Hay cerca de 317 áreas de tierras indígenas consideradas reservas indias legal y oficialmente, además de otros territorios como pueblos, rancherías, misiones, aldeas y comunidades donde viven diversos pueblos que fueron diseminados en el pasado y que han sido acogidos por diversas asociaciones civiles y religiosas.

Los iroqueses asentados en Canadá cuentan con un régimen diferente, pues su Liga o Federación es anterior a la llegada de los colonos, se consideran independientes de ambos países limítrofes y tienen verdadera vocación de nación independiente, tanto que emiten sus propios pasaportes y cuentan con centros educativos y comerciales; mientras que los iroqueses estadounidenses cuentan con las reservas indias de New York, Wisconsin y Oklahoma, y muchas más limitaciones, aunque algunos emigraron a Francia en los años 20 del siglo pasado, y otros tantos lo siguen haciendo a la vieja Europa por diferentes motivos, generalmente de trabajo, estudios o reagrupación familiar.

En Alaska las tribus inuit, esquimales y yopik, por ejemplo, junto con los famosos, totémicos y resistentes haida, gozan del aislamiento, el alejamiento y hasta el desconocimiento que les permite moverse con cierta libertad y sin injerencias estatales o federales, tanto que, por regla general, no gozan de ningún servicio moderno, y carecen de tierras propias de manera legal y con papeles, así como de cualquier documento migratorio, como un pasaporte, sin que esto les quite el sueño, porque cruzan las fronteras del norte cuando quieren y cuando el clima se los permite.

El resto, 574 entidades tribales nativas americanas, la mayoría con territorios cedidos como reservas indias, viven como pueden en un mundo ajeno a ellas, unos mejor y otros peor, con casinos o producciones agrícolas, incluso trabajando tierras ajenas como si fueran emigrantes mexicanos o hispanos, y muy solicitados en las redes sociales y entre grupos activistas que están a su favor y pretenden salvarlos, lo que para algunos de esos activistas es un buen negocio aunque otros se juegan la vida, todo ello en un ambiente de segregación que aún no se supera por más que algunos organismos internacionales apuesten por ellos.

Sí, los nativos norteamericanos cuentan con cierto reconocimiento internacional, un reconocimiento algo endeble o muy hipócrita, porque si bien muchos países piden justicia para ellos y hasta les envían víveres, ropa o dinero a través de ONGs (que se quedan con parte del botín por aquello de la administración), no los dejan entrar en sus territorios si no cuentan con el pasaporte correspondiente y emitido no por los iroqueses de Canadá, sino por países oficiales como Canadá, USA y, sorprendentemente y para algunos apaches, México.

Es decir, se les reconoce y hasta se les aplaude en los foros internacionales, pero no se les acepta realmente a menos que cedan y se sumen al sistema, una verdadera vergüenza.

Su forma de ser y de pensar, tal vez, que no es ni comunista ni capitalista, ni de centro, ni de izquierdas ni de derechas, y mucho menos anarquista o nihilista, sino simple y sencillamente apegada a lo natural, sin alarmas mediáticas ni empatías falsas o blasfemas, parece ser más peligrosa, al menos para los Estados, que cualquier ideología.

Canadá tampoco ha sido una panacea para los nativos norteamericanos, y ahí, en colaboración con algunas misiones, religiones e iglesias, han sufrido todo tipo de abusos y vejaciones, aunque la parte oeste las ha sufrido menos que la del este.

NO LES GUSTA TRABAJAR

Además de los trabajos más duros, sucios, indignos y mal pagados a los que podrían aspirar, ¿por qué habría de gustarles trabajar?

Durante miles de años han vivido gratis y en libertad, plantando a veces y cuidando a unos cuantos animales, pescando, cazando y recolectando sin tener que estar encerrados o a pleno sol varias horas al día y varios días a la semana, con sueldos que no alcanzan para nada, pocos días de vacaciones y obedeciendo de manera ladina y sumisa a un iracundo capataz, gerente desvelado, empresario abusivo y explotador o al Estado opresor que encima les cobra impuestos hasta por respirar, como diría Henry David Thoreau.

"El hombre blanco es el único animal que paga para vivir en un planeta que te lo da todo gratis", y a la inmensa mayoría de los nativos norteamericanos no les gusta ni les interesa emularlo.

Trabarse abajo con el *tripalium* romano no debería ser apetecible ni agradable, y mucho menos ennoblecedor para nadie, y mucho menos para los nativos de Norteamérica.

"El trabajo, sin duda alguna, es cosa de criminales y de esclavos", y lo extraño no es que no les guste a los nativos norteamericanos, lo extraño es que le guste al resto de la humanidad.

El intercambio entre tribus, como trueque o a cambio de compartir pastos para los caballos, tanto los cimarrones como los que llevaron a América los conquistadores, tenía una razón de ser, pero el vicio del comercio —que envileció tanto a los algonquinos como a los comanches, porque su único fin era enriquecerse sin compartir con la comunidad los bienes logrados— era y posiblemente sigue siendo una verdadera aberración que agota los recursos y al final no beneficia a nadie.

En la mitología de los nativos norteamericanos no aparecen grandes dioses, héroes vanidosos, princesas débiles y aprovechadas, grandes monarcas ávidos de poder y de masacrar pueblos cercanos, porque el espíritu de sus narraciones era el motor y principio vital de todas las cosas, donde el ser humano era un recién llegado que no le debía nada a nadie, pero que daba las gracias a la Mujer del Cielo o a la Madre Tierra por haberles dado cobijo en este universo:

Nada de señores.
Nada de gobernantes.
Nada de dioses obligados.
Nada de amores convenientes.
Nada de ganancias con engaños.
Nada de tiranos.
Nada de reyes.
Nada de amos.
Nada de sirvientes.
Incluso nada de caciques ni de cacicas.

Solo comunidad y seres humanos, que es como se consideraban muchos de los nativos norteamericanos.

Al inicio de este libro nos preguntábamos si otro mundo es posible?, y sí, es posible y ya ha existido, solo hay que recuperarlo.

Bibliografía

Pritzker, Barry, *A Native American Encyclopedia: History, Culture, and Peoples*, Oxford University Press, 2000.

Rice, Julian, *Before the Great Spirit: The Many Faces of Sioux Spirituality*, University of New Mexico Press, Albuquerque, 1998.

Schilling, Vincent, *The True Story of Pocahontas: Historical Myths Versus Sad Reality*, Indian Country, 2017.

Tapia Rodríguez, Javier, *El Gran Libro de las Mitologías*, Plutón Ediciones, Barcelona, 2024.

VV.AA., *Handbook of North American Indians, Vols. III & XIV*, Smithsonian Institution, 2004.

ÍNDICE

SERIE MYTHOS

OTROS TÍTULOS DISPONIBLES EN ESTA SERIE:

MITOLOGÍA INCA - JAVIER TAPIA

MITOLOGÍA MAYA - JAVIER TAPIA

MITOLOGÍA AZTECA - JAVIER TAPIA

MITOLOGÍA YORUBA - JAVIER TAPIA

MITOLOGÍA GRIEGA - JAVIER TAPIA

MITOLOGÍA ROMANA - JAVIER TAPIA

MITOLOGÍA VIKINGA - JAVIER TAPIA

MITOLOGÍA CHINA - JAVIER TAPIA

MITOLOGÍA EGIPCIA - JAVIER TAPIA

MITOLOGÍA JAPONESA - JAVIER TAPIA

MITOLOGÍA CELTA - JAVIER TAPIA